LE BIENHEUREUX

PIERRE L.-M. CHANEL

MARISTE, PREMIER MARTYR DE L'OCÉANIE

TRIDUUM

CÉLÉBRÉ EN L'ÉGLISE DE SAINT-AIGNAN, A CHARTRES

LES 15, 16 ET 17 NOVEMBRE 1890

PARIS

IMPRIMERIE DE D. DUMOULIN ET Cie

5, RUE DES GRANDS-AUGUSTINS, 5

1891

LE BIENHEUREUX

PIERRE L.-M. CHANEL

LE BIENHEUREUX P.-L.-M. CHANEL

LE BIENHEUREUX

PIERRE L.-M. CHANEL

MARISTE, PREMIER MARTYR DE L'OCÉANIE

TRIDUUM

CÉLÉBRÉ EN L'ÉGLISE DE SAINT-AIGNAN, A CHARTRES

LES 15, 16 ET 17 NOVEMBRE 1890

PARIS

IMPRIMERIE DE D. DUMOULIN ET Cie

5, RUE DES GRANDS-AUGUSTINS, 5

1891

TRIDUUM

EN L'HONNEUR DU B. CHANEL

DANS L'ÉGLISE DE S.-AIGNAN, A CHARTRES

C'est le 17 novembre 1889 que le martyr Pierre-Louis-Marie Chanel, missionnaire en Océanie, a été placé au rang des Bienheureux par le Souverain Pontife Léon XIII. C'est à l'anniversaire de cette proclamation solennelle que les RR. Pères Maristes de Chartres ont fêté, par un *Triduum* de prières publiques, leur frère en religion ainsi béatifié. Le R. P. Gros, supérieur de la maison Sainte-Foi, s'était entendu avec l'autorité épiscopale et avec M. le curé de Saint-Aignan, pour organiser dans l'église de cette paroisse une manifestation digne de la circonstance. Du reste, en chacune des trois églises paroissiales, il aurait pu également compter sur le concours des prêtres, heureux de prouver une fois de plus aux missionnaires de Sainte-Foi leur fraternel dévouement.

L'église de Saint-Aignan était admirablement décorée. Les rayons de gloire qui couronnent au ciel le bienheureux Chanel semblaient descendre, a-t-on dit, jusqu'au sanctuaire où nous devions vénérer ses reliques et son image. Il était vraiment féérique ce religieux spectacle ! On s'étonnait de l'abondance de lumières jaillissant des girandoles et de lustres nombreux sur l'or et la pourpre des tentures. Et, à tout instant du jour, l'œil pouvait errer avec une vive satisfaction sur

les riches bannières qui revêtaient les piliers du chœur
et de la nef, sur les écussons et inscriptions historiques
rappelant les grandes époques de la vie du Bienheureux, sur les fleurs et les plantes vertes étagées sous
les arcades. Deux tableaux de très grandes dimensions
attiraient surtout les regards : l'un, suspendu en avant
de l'orgue de tribune, représentait la scène du martyre
à Futuna; l'autre, s'élevant au-dessus du maître-autel à
la hauteur des galeries, représentait le martyr, au moment où, déjà loin de la terre, il monte dans la gloire.
Deux anges lui font cortège et présentent la hache et le
casse-tête, instruments de son supplice; deux autres,
au-dessus de sa tête, tiennent suspendues la palme et la
couronne réservées au triomphateur. Ce tableau de
l'apothéose, éclairé par les feux de l'autel et les projec-
tions de la lumière électrique, était d'un effet merveil-
leux, d'un aspect émouvant.

Les cérémonies du *Triduum* ont commencé le samedi
15 novembre. A neuf heures, Mgr l'évêque de Chartres a
présidé la procession des reliques et a tenu chapelle
pendant la messe chantée par M. le chanoine Roussil-
lon. M. l'abbé Genet, curé de Saint-Pierre, a parlé après
l'évangile. Son allocution, d'une forme distinguée, a
grandement édifié les âmes en les pressant d'imiter le
Bienheureux dans l'acceptation des peines de la vie,
dans la mortification, dans la pratique des vertus chrétiennes.

C'était là une belle inauguration des solennités qui
allaient durer trois jours, avec une assistance croissante.
Déjà, le soir, à cinq heures, on se pressait dans la nef
pour le discours annoncé et pour le salut du Saint Sacrement. L'orateur était M. Sabatié, lazariste de la maison de Paris. Le digne fils de saint Vincent de Paul a

développé ce texte de saint Jean : *Hic est discipulus ille, qui testimonium perhibuit de his, et scimus quià verum est testimonium ejus.* « C'est ce disciple qui rend témoignage de ces choses ; et nous savons que son témoignage est vrai. » (Saint Jean, xxi, 24.)

Le bienheureux Chanel a été un vrai disciple de Notre-Seigneur ; sa mission à Futuna a été un éclatant témoignage à la vérité dont il a été le martyr ; ce témoignage est de nature à confirmer notre foi ; telles ont été les trois considérations exposées dans ce discours substantiel, chaleureux et inspiré par une foi vive. Le salut a été chanté en très bonne musique par le chœur de cantiques de la paroisse.

Le second jour du *Triduum*, un dimanche, merveilleuse a été l'affluence à Saint-Aignan. L'une des messes basses avait été assignée pour une communion générale ; M. l'abbé Beauchet, curé de la paroisse, l'a célébrée et a profité de cette occasion pour mieux faire connaître aux âmes pieuses la dévotion du Bienheureux à la sainte Eucharistie. Les traits les plus touchants de la vie du martyr ont été admirablement mis en relief dans leur rapport avec Jésus-Hostie ; c'était un moyen sûr de préparer pour cette heureuse matinée des communions ferventes.

La messe de dix heures a été célébrée pontificalement par un prélat missionnaire de la Société des Maristes, Mgr Grimes, évêque de Christschurch (Nouvelle-Zélande). Nous étions heureux de voir au milieu de nous, participant aux fêtes triomphales du bienheureux Chanel, un de ses frères et successeurs en apostolat, honoré d'une si haute dignité dans la sainte Église. Sa Grandeur devait présider de même les autres offices de la journée. Le petit séminaire de Saint-Cheron avait été invité à faire les frais du chant; il s'est fort bien acquitté, le matin et le soir, de cette fonction laborieuse et importante.

Quant aux discours, comment pourrons-nous en parler d'une manière assez élogieuse? A la grand'messe, ce n'était qu'une allocution; mais quel à-propos et quelle délicatesse dans le choix et dans l'expression des pensées! quelles émotions suscitèrent dans les cœurs les vues présentées par M. l'abbé Piau, supérieur du grand séminaire, sur le martyre du P. Chanel, sur la fécondité de son immolation, sur les avantages que nous avons à tirer à notre tour de nos souffrances endurées pour l'amour de Dieu! — Le prédicateur du soir fut M. l'abbé Tissier, directeur de l'Institution Notre-Dame de Chartres. L'assistance, extraordinairement nombreuse, attendait un panégyrique complet, comme celui qui avait été donné par M. l'abbé Tissier, il y a quatre mois, en l'honneur du bienheureux Perboyre. Le langage éloquent et châtié de l'orateur ne surprit personne; ce qui a dépassé nos espérances, c'était de voir la vie de l'apôtre-martyr mise en scène, avec des aspects si variés et si intéressants, avec tant de leçons utiles qui jaillissaient du récit et allaient aux âmes comme des traits de feu. Les vertus de la jeunesse du P. Chanel, la sainteté de son sacerdoce, l'héroïsme de son martyre : voilà les trois points traités. M. l'abbé Tissier avait pris pour texte cette parole du Seigneur : *Et pro eis ego sanctifico meipsum; ut sint et ipsi sanctificati in veritate.* « Et je me sanctifie moi-même, afin qu'ils soient sanctifiés dans la vérité. » (Saint Jean, XVII, 19.)

Le lundi 17, la fête fut encore rehaussée par des offices pontificaux. La messe, chantée par Mgr Grimes, eut toutes les magnificences prescrites par les rites des grands jours. Le chœur était rempli d'ecclésiastiques ; au premier rang, on remarquait les religieux maristes de Chartres, et d'autres de Paris, de Senlis, de Lyon. Le Supérieur général de la Société de Marie s'était fait représenter par le P. Monfat, son assistant.

A l'éclat des cérémonies se joignit la beauté des chants exécutés par la maîtrise de la cathédrale et les élèves du grand séminaire. C'est le même chœur de musique qui se fit entendre au salut du soir.

Ce salut devait être celui de la clôture. Mgr l'évêque de Chartres, qui avait commencé le *Triduum*, avait tenu à se trouver au milieu de ses diocésains pour le finir ; aussi avait-il hâté son départ de Tours, où il s'était rendu le samedi pour les fêtes de saint Martin et le jubilé de Mgr Meignan. A sept heures et demie du soir, l'église de Saint-Aignan était trop petite pour la foule ; le panégyrique allait être prononcé par le R. P. Chapotin, de l'Ordre des Frères Prêcheurs. Nous avons eu déjà l'occasion de louer sa parole ardente et instructive, à l'occasion de cérémonies récentes. La réputation du P. Chapotin ne s'est pas démentie à Saint-Aignan ; il a su présenter d'une manière nouvelle les ascensions de l'âme du Bienheureux dans l'échelle mystique de la sainteté, selon son texte : *Amice, ascende superius.* Quand il descendit de chaire, la foule s'accrut encore dans les nefs, les nouveaux venus se massaient au portail ; tout ce monde était désireux de contempler tant de splendeurs une dernière fois. NN. SS. les évêques se dirigeaient avec leur nombreux cortège, du banc-d'œuvre à l'autel éblouissant de lumières et prêt pour l'exposition eucharistique.

Mgr Lagrange a donné le salut. Après la bénédiction

du Saint Sacrement, le chœur de musique a terminé les harmonies de la journée par un grand morceau emprunté au superbe oratorio-cantate du P. Garin, mariste : le chant de l'apothéose du Bienheureux.

Avant de quitter l'église, la foule se porta au sanctuaire ; chacun voulait baiser la relique du P. Chanel, présentée à la vénération. Souvent, pendant les trois jours avait été accompli cet acte de dévotion ; car souvent, dans l'intervalle des offices, il y avait eu des pèlerinages particuliers ; les communautés religieuses et plusieurs pensionnats s'étaient succédé avec de nombreux groupes d'autres fidèles au saint lieu choisi pour les fêtes, au saint lieu que l'apôtre-martyr devait couvrir de ses bénédictions en nous montrant son image et en priant pour nous le Seigneur. Le 17, particulièrement, le concours des visiteurs ne fut guère interrompu, et à plusieurs reprises les Pères aidèrent le mouvement des âmes par leur prédication apostolique.

Mais terminons notre récit, en exprimant la conviction sincère que cette manifestation d'hommages pieux au bienheureux Chanel, et en même temps de sympathie pour les religieux de la Société de Marie, portera bonheur à notre cité chartraine dont Marie est l'auguste patronne.

A. GOUSSARD, CHANOINE

Rédacteur de la *Voix* de Notre-Dame de Chartres.

ALLOCUTION

PRONONCÉE PAR M. L'ABBÉ GENET

CHANOINE HONORAIRE, CURÉ DE SAINT-PIERRE

A LA MESSE SOLENNELLE

LE 15 NOVEMBRE 1890

Eamus et nos, ut moriamur cum eo.
Allons nous aussi et soyons martyrs avec lui.
(S. Jean, 11-16.)

MONSEIGNEUR[1],

MES FRÈRES,

Pour répondre à vos pieux désirs, je devrais célébrer les vertus admirables, les travaux sublimes et la mort héroïque du Bienheureux que nous fêtons. Je devrais exalter dans la personne de Pierre-Louis-Marie Chanel, un saint, un apôtre, un martyr de notre pays et de notre siècle.

Un saint, qui se révèle dès l'enfance par la vivacité de sa foi et la ferveur de sa piété, par la douceur de ses manières et l'étendue de sa charité, par la tendresse de sa dévotion envers l'auguste Vierge, et surtout la fidélité de ses devoirs ordinaires.

Un apôtre, qui abandonne à trente-trois ans, parents, amis, diocèse, patrie, pour s'en aller, au prix d'immenses peines, conquérir des âmes à Jésus-Christ, sur les plages lointaines de l'Océanie ; tandis que les anges ravis chantent en chœur : « Qu'ils sont beaux les pieds de celui qui porte aux infidèles l'Évangile de la paix, l'Évangile du salut ! »

Un martyr enfin, qui fait généreusement à Dieu le sacrifice de sa vie. Mais le temps et les forces me manquent pour remplir un cadre si vaste, pour réunir tous

1. Mgr Lagrange, évêque de Chartres.

les traits saillants d'une physionomie si radieuse. Cela appartient aux orateurs d'élite qui doivent me succéder ici. Quant à moi, laissant dans une sorte de pénombre les deux premières parties du tableau, je me bornerai à mettre en lumière le courageux et sanglant témoin de notre foi ; je vous exhorterai ensuite avec l'Église à marcher sur ses traces glorieuses : *Solemnitates martyrum exhortationes sunt martyriorum.*

En d'autres termes : comment le bienheureux Chanel fut martyr, et comment nous devons être martyrs nous-mêmes, voilà tout mon sujet. Que n'ai-je pour le traiter Monseigneur, l'élévation et l'éloquence de votre parole !

Puisse du moins votre paternelle bénédiction suppléer à mon insuffisance, et faire tourner ce chétif discours à la gloire de Dieu, ainsi qu'au salut des âmes : c'est ma seule ambition ! *Ut nos moriamur cum eo.*

I

COMMENT LE B. CHANEL FUT MARTYR

Entré, avec toute la fraîcheur du sacerdoce, dans la naissante Société de Marie, qu'il devait bientôt ennoblir et comme empourprer de son sang, Pierre-Louis-Marie Chanel avait au cœur l'ardent désir des missions, la généreuse passion des âmes.

« Quand me sera-t-il donné d'instruire les sauvages délaissés de la Polynésie, de leur faire aimer Jésus, qui est ma vie, mon Dieu, mon tout ; de leur faciliter par mon martyre l'accès du paradis ? »

Soyez heureux, prêtre du Seigneur, vos vœux ne tarderont pas à être satisfaits.

Le bréviaire d'une main et le crucifix de l'autre, Pierre Chanel abordait, en novembre 1837, dans une île de l'Océanie, nommée Futuna, que la divine Providence avait confiée à son zèle enflammé.

Après avoir beaucoup prié, beaucoup travaillé, beaucoup souffert pour gagner sa nourriture, apprendre la langue du pays et vaincre les résistances de tout genre , il eut le bonheur de convertir à la foi chrétienne plusieurs insulaires, entre autres le fils du roi, qui lui-même se montrait favorable.

Il n'en fallait pas davantage pour allumer contre lui la persécution jalouse.

Les vieillards, craignant pour leur culte idolâtrique, formèrent le complot de massacrer l'homme de Dieu : « Périsse le prêtre, et sa religion disparaîtra avec lui. » Pierre Chanel, averti secrètement, n'en continue pas moins sa vie apostolique : « Périsse mon être d'un jour, se dit-il au fond de l'âme, mais vive la religion de Jésus-Christ, oui, vive la religion de Jésus-Christ ! »

C'était le 28 avril 1841 ; Musumusu, gendre du roi, vient avec une troupe de forcenés lui demander quelque remède pour une blessure qu'il s'était faite, précisément en pillant la maison des catéchumènes. Tandis que l'homme de Dieu cherche dans son humble demeure le spécifique en question, l'un des assassins, brandissant deux fois son lourd casse-tête, lui fracasse d'abord le bras, puis lui broie la tempe gauche, d'où jaillissent des flots de sang.

Et le bon pasteur de répondre avec un calme parfait : « C'est bien, très bien pour moi. »

Un deuxième bourreau le frappe brutalement avec son propre bâton qu'il lui a emprunté; puis un troisième lui porte à la poitrine un violent coup de lance qui le renverse sur le sol.

Anges saints contemplez l'aimable victime étanchant

tranquillement, de la main restée libre, le sang qui inonde son visage, semblable à l'innocent Agneau dont Isaïe chantait la douceur muette.

Des catéchumènes étant accourus à son secours : « Laissez, leur dit-il avec bonté, laissez, mes enfants, si Jésus a été ma vie, la mort est un bien, un grand bien pour moi et pour mon troupeau. »

Musumusu, cependant, impatient d'assouvir sa haine, s'en allait, répétant : « N'y aura-t-il personne qui veuille achever ce prêtre ? » Les bourreaux, aimant mieux piller la maison que consommer le crime, il prend de ses propres mains la hache avec laquelle le missionnaire abattait le bois, et lui en assène un coup si violent sur la tête, qu'il a peine à retirer du crâne fracassé son instrument couvert de sang et de cervelle.

Futuna, tu n'as plus d'apôtre, tu n'as plus de père en Jésus-Christ, mais l'Église compte un nouveau martyr, et la Société si méritante de Marie possède un protecteur puissant dans le ciel. Déjà les anges escortant son âme glorifiée lui ont présenté la palme et la couronne. Dieu lui-même semble annoncer son triomphe, par la voix soudaine du tonnerre, et l'apparition d'une croix miraculeuse.

Les païens avaient compté que la religion chrétienne disparaîtrait avec le fervent missionnaire, mais Dieu déjoue les complots de ses ennemis. Terre infidèle, terre barbare qui as bu le sang de l'apôtre-martyr, tu verras bientôt germer de ton sein une chrétienté florissante ! Quelques mois en effet sont à peine écoulés, que toute l'île, éprise de la vérité catholique, sollicite la faveur du saint baptême. Les bourreaux eux-mêmes, les bourreaux convertis rendent sur la constance héroïque du martyr le plus magnifique témoignage. Enfin, le féroce Musumusu, gagné lui aussi à Jésus-Christ par sa propre victime, demande, pour mieux expier le crime commis, à mourir dans l'endroit même où il avait donné au serviteur de Dieu une mort si horrible.

C'est ainsi qu'après avoir implanté le christianisme au milieu des fatigues et des sueurs de l'apostolat, Pierre Chanel l'arrosa et l'accrut par la vertu fécondante de son sang, vérifiant une fois de plus l'immortelle parole : « Le sang des martyrs est une semence de chrétiens » : *Sanguis martyrum semen christianorum.*

II

COMMENT NOUS POUVONS ET DEVONS ÊTRE MARTYRS NOUS-MÊMES

Je vous étonne, mes Frères ; ne faut-il pas que les grains de froment soient écrasés sous la meule, que les raisins soient foulés dans le pressoir, afin de fournir à Dieu un pain sans tache et un vin céleste ? *Solemnitates martyrum exhortationes sunt martyriorum.*

« Attendez, dit le Seigneur dans l'Apocalypse, aux martyrs du ciel qui demandent vengeance pour leur sang répandu, attendez que tous vos frères de la terre aient subi leur épreuve, aient achevé leur supplice. »

Inutile pour cela d'évoquer les tyrans, d'apprêter les instruments de torture. La paix a ses martyrs comme la persécution, ou plutôt la vie chrétienne n'est-elle pas une persécution quotidienne? *Tota vita christiani, si secundum evangelium vivat, martyrium est.*

En nous appelant au christianisme et surtout à la piété, Dieu veut que nous soyons martyrs, sinon réellement par le sacrifice entier de la vie, ce qui est le partage d'un petit nombre, du moins moralement, spirituellement, par la patience dans l'adversité, par la mortification des passions et par la fidélité au devoir : *Et vos eritis mihi testes.*

A. — *Par la patience dans l'adversité.*

Le chrétien, comme le Christ, son divin modèle, doit s'attendre à beaucoup de peines, à beaucoup de tribulations. Il doit endurer tantôt la calomnie des uns ou l'ingratitude des autres, tantôt les revers de la fortune ou le poids du travail, tantôt les rigueurs de la maladie ou la mort de ses proches : *Oportuit pati, Christum... Per multas tribulationes...*»

Or, mes Frères, la patience calme et résignée à travers tant de peines physiques ou morales qui accablent, n'équivaut-elle pas à l'effusion du sang ?

D'après saint Cyprien et saint Grégoire, on n'a pas besoin de passer par le fer aiguisé ou par le feu dévorant pour être martyr, il suffit de conserver la patience dans son âme affligée, dans son cœur brisé : *Patientia in adversis martyrem facit.*

Lors donc que la croix s'appesantit sur vos épaules, que les épines s'attachent à votre front, que le calice amer s'approche de vos lèvres tremblantes, imitez notre Bienheureux, qui de l'aveu des bourreaux ne laissa jamais échapper ni plainte ni murmure. Je vais plus loin, la souffrance est comme un baiser du crucifix. Mon frère, ma sœur, ne repoussez jamais ce divin baiser qui achève de perfectionner les âmes en les configurant au divin patient ; mais répétez à votre tour l'oraison du Calvaire : « C'est bien, très bien pour moi, » et vous serez devant Dieu martyrs de la patience : *Patientia in adversis martyrem facit.*

B. — *Par la mortification des passions.*

Quiconque veut appartenir à Jésus-Christ doit crucifier, mortifier les passions, qui comme autant de bourreaux cruels tourmentent son esprit, son cœur, sa chair. Quiconque veut appartenir à Jésus-Christ doit crucifier, mortifier dans sa personne l'orgueil qui aveugle et la colère qui égare, l'envie qui ronge et l'avarice qui consume, la paresse qui énerve et la sensualité qui dégrade : *Qui Christi sunt, carnem suam crucifixerunt cum vitiis et concupiscentiis suis.*

Or, mes Frères, j'affirme avec les saints, notamment avec saint Augustin et saint Bernard, que ce crucifiement journalier de la nature mauvaise : *Quotidie morior* ; que cette mortification perpétuelle des passions : *mortificamur tota die*; constitue un véritable martyre spirituel, martyre moins effrayant que celui qui déchire les membres du corps, mais plus pénible à cause de sa continuité et de sa durée : *Spiritu facta carnis mortificare, genus martyrii est.*

Au lieu donc de flatter tes passions et de t'en faire l'esclave, chrétien, chrétienne, arme-toi du glaive mystique apporté sur la terre par Jésus-Christ, puis frappe, frappe sans pitié ; te rappelant Pierre Chanel, qui s'estimait l'enfant gâté de la Providence, alors qu'il n'avait à manger que quelques petits poissons crus ; te rappelant Pierre Chanel, qui demandait par testament, pour son âme la dernière place au ciel, et rien du tout pour son corps, comme n'en valant pas la peine, rien du tout pour son corps, honoré maintenant de l'encens suave. Si tu sais réprimer les ambitions de l'esprit, les convoitises du cœur et les appétits déréglés de la chair, tu seras, devant Dieu, martyr de la mortification : *Crucifige, et mortifica corpus tuum, accipies et tu martyrii coro nam.*

C. — *Par la fidélité au devoir.*

Ce n'est pas assez, mes Frères, de respecter, d'aimer la religion chrétienne au fond du cœur, il faut, sous peine d'apostasie pratique et de damnation éternelle, en remplir fidèlement les devoirs; tous les devoirs sans exception. « Arrière les pusillanimes, s'écrie Notre-Seigneur, arrière les lâches qui craignent en certains cas de se montrer mes disciples ; arrière les pusillanimes, arrière les lâches qui rougissent de moi aux yeux des hommes; à mon tour je rougirai d'eux dans le royaume de mon Père céleste : *Esto fidelis usque ad mortem... Qui me erubuerit, hunc Filius hominis erubescet.*

Or j'en conviens, devant un monde impie qui plaisante, qui ridiculise et souvent persécute, la fidélité aux devoirs extérieurs de religion cause un véritable martyre moral. Ainsi pensent saint Jérome, saint Chrysostome et Clément d'Alexandrie : *Qui exequuntur mandata sunt martyres.*

Foulons donc courageusement aux pieds, mes Frères, cette lâcheté naturelle, ce vil respect humain qui tyrannise tant de consciences. Secouons ces chaînes pesantes, ces chaînes honteuses qui tiennent notre bonne volonté inactive. Que les railleries et les persécutions des méchants ne nous empêchent jamais d'observer les salutaires rigueurs de l'abstinence et d'assister au divin sacrifice de la messe, de recevoir à Pâques le Dieu qui fait les héros chrétiens et les vierges sans tache. Dans ces conditions, la gloire du martyre ne nous sera point refusée: *Qui exequuntur mandata sunt martyres.*

A plus forte raison cette gloire vous est-elle destinée, âmes généreuses, qui faites par les vœux de pauvreté, d'obéissance et de chasteté, l'holocauste complet de vous-mêmes ; épouses du Christ, qui accomplissez fidèlement tous les devoirs de la vie parfaite, tous les devoirs de la vie religieuse. « Mon fils, disait saint Pacôme à un frère qui voulait abandonner son couvent, dans l'espoir de mourir pour Dieu, livre courageusement et persévéramment le combat du moine. Si tu es fidèle à observer ta règle en vue de plaire à Jésus-Christ, je te promets le mérite et la gloire d'un martyr » ; *Immaculata devotæ mentis servitus quotidianum est martyrium.*

Patience dans l'adversité, mortification des passions et fidélité à tous les devoirs ; voilà par quel sacrifice journalier notre Bienheureux s'était disposé, s'était préparé au sacrifice sanglant. La mort violente ne fut que la consommation de son long martyre : *Ut nos moriamur cum eo.*

Maintenant que mes lèvres inhabiles ont balbutié vos louanges et bégayé vos leçons, bienheureux Pierre Chanel, obtenez-nous à tous ce que l'Église glorifie en vous, savoir : une âme de saint, qui répande partout la bonne odeur de Jésus-Christ ; un cœur d'apôtre, qui réchauffe, qui ressuscite au feu de sa charité, tant de morts spirituels ; mais surtout un courage de martyr, qui nous arme, qui nous endurcisse contre les coups de l'adversité, contre l'effort des passions et contre la tyrannie du respect humain ; un courage de martyr, qui nous fasse endurer toutes les peines de la vie, mortifier tous les penchants de la nature, pratiquer tous les devoirs de la religion.

Ce que Dieu demande de nous, ce n'est pas le sang matériel du corps, mais la patience, la mortification, la fidélité que j'appellerai volontiers le sang précieux de l'âme : *Non quærit Deus sanguinem, sed fidem.*

Bienheureux Pierre Chanel, obtenez-nous un courage de martyr, qui nous mette en état d'offrir à Jésus-Christ ce triple témoignage, afin qu'après avoir partagé au moins spirituellement votre épreuve, nous allions un jour partager là-haut votre gloire et votre couronne. *Amen.*

Nous regrettons vivement de ne pouvoir donner le panégyrique prêché à la cérémonie du soir par le R. P. Sabatié, de la Congrégation de la Mission. Il nous a été impossible de l'obtenir de l'orateur. Le Révérend Père, ayant parlé d'après des notes, aurait été obligé de refaire un travail qui demande la chaire, l'auditoire et les émotions qu'ils produisent.

PRONONCÉE PAR M. L'ABBÉ BEAUCHET

CHANOINE HONORAIRE

CURÉ DE LA PAROISSE SAINT-AIGNAN

A LA MESSE DE COMMUNION GÉNÉRALE

LE 16 NOVEMBRE 1890

MES FRÈRES

Soyez bénis, vous surtout qui venez sanctifier nos fêtes religieuses par la sainte communion. Soyez bénis, car vous montrez, par un exemple édifiant, que vous avez le véritable sens des choses divines. Vous voulez honorer le bienheureux Pierre Chanel, avec vous viendront les chrétiens en grand nombre, en foule peut-être. Mais personne ne saurait lui rendre un plus digne hommage, qu'en adorant le Dieu de l'Eucharistie, qu'en venant au foyer divin où lui-même trouva la flamme qui fait l'apôtre, à la source où lui-même puisa la force qui fait le martyr.

Une âme d'apôtre sans la communion, ne serait-ce pas un foyer sans étincelle ni aliment? Le martyre sans la communion, ne serait-ce pas un héroïsme surhumain sans force surhumaine, un effet divin sans une cause divine?

Or, mes Frères, vous en avez la preuve aux meilleures pages de la vie du Bienheureux, que nos orateurs dérouleront devant vous; c'est réellement au contact de l'Eucharistie que Pierre Chanel a senti la vocation sainte naître en lui, grandir, se développer jusqu'à son plein épanouissement, le martyre.

Il l'a déclaré plus d'une fois. C'est l'année de sa première communion que le germe divin de l'apostolat poussa dans son âme ses premiers jets, et que les pre-

mières lignes de sa vocation se dessinèrent. A lui,
petit pâtre, simple et bon, qui se prépare à recevoir le
bon Dieu, sans doute le bon Dieu apparaît tout d'abord
et sourit particulièrement sous l'image du bon Pasteur,
lui faisant ressentir combien il est doux d'être une
brebis du bon Pasteur, quand on est une brebis fidèle.
Quelque chose lui dit au fond du cœur, qu'il est une
brebis privilégiée. Mais il y en a dans d'autres, qui ne
connaissent ni les soins ni les sourires du bon Pasteur!
Oui, il y en a au loin, et en grand nombre. En même
temps que ses yeux le lisent dans l'Évangile, Jésus le
lui grave au cœur, de manière qu'il ne l'oublie jamais :
« J'ai d'autres brebis qui ne me connaissent pas, il faut
les amener au bercail. » Et déjà son âme commence à
s'ouvrir aux mélancolies saintes, qui révèlent un futur
apôtre. O Dieu de la première communion, n'est-il pas
vrai que, ce jour-là, entre vous et l'enfant prédestiné,
les préliminaires d'un contrat mystérieux furent signés!
Le cœur du Pasteur des âmes a battu sur son cœur, le
petit pâtre sera pasteur comme Jésus et pour Jésus.

Qu'on laisse seulement faire au temps, à l'expérience
des maîtres, à la grâce par-dessus tout. Le bon vouloir
du pieux jeune homme suffit pour livrer son âme tout
entière à la formation lévitique et l'amène enfin au
terme des épreuves qui préparent à la vie sacerdotale.

Voici Pierre Chanel au saint autel, dans toute la ferveur d'une première messe, en tête-à-tête avec son
Dieu. Ce jour-là le mystérieux contrat préparé dans la
première communion, devient définitif. Pierre Chanel,
prêtre, sera apôtre. Pour être plus sûrement apôtre, il
sera religieux. Il n'aura de repos que quand il sera
l'apôtre des âmes abandonnées et de ces malheureux
idolâtres dont la pensée hante ses pieuses pensées du

jour et de la nuit, et dont il croit entendre, avec une naïveté angélique, le lointain et triomphant appel.

Qu'on le retienne encore par le lien de l'obéissance, qu'on l'éprouve pendant dix longues années, sa vocation n'en sera que plus ferme, ses désirs plus ardents, ses soupirs plus multipliés. Dans la paroisse, dans l'humble classe, dans la maison d'éducation qu'il dirige tour à tour, il fait des merveilles, car il est bon pasteur. Cependant il n'est pas encore sur son terrain, lui qui doit aller au-delà des mers; il ne fait que préluder, lui qui doit aller dépenser sa vie à la recherche des brebis qui se perdent loin du bercail divin.

Quand il a pu briser tous les liens d'amitié, de famille et de patrie, il se retrouve à des milliers de lieues du toit maternel et du sol natal, dans une île perdue de la lointaine Océanie. On l'a jeté, reconnaissant et ravi, devant un peuple idolâtre, peuple enfant et cruel qui n'a point encore perdu le goût fratricide de la chair humaine. Il a donc enfin sous les yeux, à la portée de son zèle et de son cœur, un troupeau de son choix. Mais, hélas! s'il pouvait s'arrêter aux suggestions de la nature, que de fois les brebis qu'il dirigeait dans son jeune âge exciteraient des regrets et lui paraîtraient moins rebelles, à des soins pourtant moins dévoués!

Sans ressources, ignorant de l'idiome des insulaires, réduit aux muettes industries de son zèle, il n'a d'autre force que sa prière incessante, d'autre perspective que la souffrance sous mille formes et dans tout son être. Où trouverait-il la consolation qui, partageant la peine, rafraîchit le cœur et répare les forces? Isolé, impuissant, bientôt persécuté, le missionnaire, l'exilé de Futuna ne va-t-il pas succomber au découragement qui le harcèle? Non, car il a un ami qui supplée à tous les amis, une ressource qui surpasse toute ressource : il a pour lui l'Eucharistie.

Dans la pauvre cabane qu'il s'est élevée de ses propres mains, il a réservé une place pour son Dieu. Il y a dressé un pauvre autel où il immole la sainte Victime, un pauvre tabernacle où son Dieu repose près de lui. Cela suffit à l'âme et au cœur de Pierre Chanel. En vérité, rien ne manque à celui à qui Dieu ne manque pas. En vérité, on n'est nulle part en exil quand on a Dieu avec soi. En vérité, on ne saurait défaillir quand on a pour soutien la nourriture divine. O saint apôtre ! que de fois, le long de vos jours et de vos nuits, il vous fut doux de confier à votre hôte divin, avec vos découragements peut-être, les invincibles espérances de votre foi jamais abattue ! Mais que de fois aussi une plainte dut monter de votre cœur jusqu'à vos lèvres ! « Je ne serai donc jamais le bon pasteur qui donne sa vie pour ses brebis ! »

Patience ! Le temps viendra, car vous êtes prédestiné, vos désirs seront satisfaits. — Le temps est venu. Pendant que les fils de Satan, qui ont tramé leur complot dans la nuit, se préparent à noyer la religion du missionnaire dans son sang, les premiers feux de l'aurore ont éclairé la dernière messe du missionnaire de Futuna. Il a immolé, mangé la Victime sainte. Jésus vit en lui, mais pour souffrir en lui et donner à sa mort qui est proche la plénitude de la vertu rédemptrice.

Après trois longues années d'un apostolat en apparence peu fécond, le disciple doit subir l'horreur d'une passion en plus d'un point semblable à la Passion du Maître. Pierre Chanel a pressenti le cruel dénouement. Prévenu, il pourrait fuir ; il fuirait, s'il n'était une victime volontaire. Sur les visages des misérables accourus autour de lui, il lit l'ingratitude, la trahison,

la soif du sang, la haine satanique prête à la violence.
Déjà le premier coup est porté et son bras fracassé. Il
voit que tout est fini. Une main sur le cœur et les yeux
au ciel, il ne dit qu'un mot, le dernier tombé de ses
lèvres : « C'est bien bon pour moi. » Telle est sa
sublime manière à lui de répéter après le Sauveur
expirant : « Tout est consommé. »

Oui, tout est consommé, et c'est bien bon pour lui!
Sa mission est couronnée, ses désirs accomplis, la con-
version de ses chers idolâtres achetée et assurée à bref
délai. Sa mort, comme la mort de Jésus, aura triomphé
des cœurs jusque-là rebelles. Il renaîtra au ciel dans la
gloire des martyrs, et sur terre rayonnera son image
avec l'auréole des saints.

Mais si le Dieu de l'Eucharistie seul lui avait inspiré
le sublime désir de l'apostolat, seule aussi la sainte
Victime, reçue au dernier jour, lui donna le courage
sublime de le consommer par cette mort sanglante.

O bienheureux apôtre ! apprenez-nous à aimer la
sainte communion. Vous y avez puisé les grandes
pensées et le goût des grands sacrifices. Faites qu'à
votre exemple nous y cherchions du moins l'amortis-
sement des instincts coupables avec un peu de sincère
amour du bien et de la vertu.

O bienheureux martyr ! apprenez-nous à bénir la
sainte communion. Elle vous a fait bénir l'isolement le
plus douloureux, accepter les plus dures privations,
aimer la souffrance au point de la proclamer douce et
bonne. Faites qu'à votre exemple et par votre inter-
cession, nous apprenions du moins à ne pas laisser
périr la vertu expiatrice des peines quotidiennes, à
sanctifier l'épreuve inévitable de toute vie humaine, à
mériter enfin une part de bonheur avec vous !

PANÉGYRIQUE

PRONONCÉ PAR M. L'ABBÉ PIAU

CHANOINE, SUPÉRIEUR DU GRAND SÉMINAIRE

A LA GRAND'MESSE PONTIFICALE

LE 16 NOVEMBRE 1890

> *Quorum intuentes exitum conversationis, imitamini, fidem.*
>
> Imitez la foi de ces martyrs dont vous contemplez, dont vous admirez la mort glorieuse.
> (*Épître de saint Paul aux Hébreux*,
> ch. XIII, v. 7.)

MONSEIGNEUR[1],

Il y a juste un demi siècle, au fond d'une petite île perdue dans l'immensité de l'Océan Pacifique, un humble missionnaire français tombait sous le casse-tête d'une peuplade sauvage qu'il était venu évangéliser, immolé par ceux-là mêmes à qui il apportait le trésor de la foi. Dieu sait admirablement choisir les fronts où il fait tomber la couronne du martyre. Ce prêtre avait une candeur angélique; par sa mansuétude et sa charité, il offrait la vivante image de l'Agneau divin qui se laissa égorger pour la rançon du monde. Il n'eut toute sa vie qu'une seule ambition : se dévouer, s'immoler. « Je veux être Prêtre », avait dit le petit pâtre de onze ans ; et le prêtre reprend à son tour : « Je veux être apôtre, je serai missionnaire », enfin le missionnaire vole au martyre. Et c'est ainsi que la grâce divine disposait dans son cœur ces ascensions admirables, par où il monta de vertu en vertu, de sacrifice en sacrifice, d'héroïsme en héroïsme, jusqu'à l'acte suprême et final qui consomme tout, qui couronne tout : la libre effusion du sang, le martyre.

1. Mgr Grimes, évêque de Christchurch (Nouvelle-Zélande).

Le martyre ! voilà donc le point culminant de cette existence prédestinée, si grande et si belle dans sa simplicité. « *Appellavi martyrem*, m'écrierai-je après saint Ambroise, *prædicavi satis* ». Je l'ai appelé martyr, il suffit et j'ai tout dit. C'est en effet l'enseignement de Benoît XIV, interprète fidèle de la tradition catholique tout entière, que dès lors qu'il est attesté par la voix de l'Église, qu'un de ses enfants a versé librement son sang pour la foi du Christ, il n'y a plus de place à la discussion de sa sainteté, parce que le martyre contient en lui-même toute sainteté et qu'il implique une pureté absolue et immaculée de l'âme, *omnimoda et immaculata munditia*.

Vous donc qui venez d'être immatriculé dans la blanche armée des martyrs, humble prêtre, humble apôtre de l'Océanie, vous êtes digne que nous vous offrions notre encens, digne que nous honorions votre image placée désormais sur nos autels, à côté de celles des Agnès, des Laurent et de tant d'autres qui, depuis dix-neuf siècles, ont rendu à Dieu, en mourant pour lui, un suprême témoignage.

Mais cette sainteté du martyre, d'où tire-t-elle son éclat, sa splendeur ? Qu'est-ce qui en rehausse si fort l'excellence ? Il me semble que deux traits principaux la caractérisent plus justement : l'héroïsme dans l'immolation, joint à la prodigieuse fécondité du sang répandu pour Jésus-Christ. Voyons comment ce double caractère s'applique à notre Bienheureux et forme autour de son front la plus belle comme la plus glorieuse des auréoles.

L'héroïsme apparaît déjà et s'essaye au cours de sa jeunesse sacerdotale, dans ces années qui se consument tout entière au service des âmes, à Ambérieux, à

Crozet, à Belley. Mais comme il éclate, surtout le jour
où appelé à l'apostolat des missions lointaines, il s'en
va porter jusqu'aux extrémités de la terre le nom et la
foi de Jésus-Christ. *Et eritis mihi testes usque ad ulti-
mum terræ.* « Ah ! quelle bonne nouvelle ! écrit-il à
un ami, mon cœur bat à se rompre, songez que j'ai le
bonheur d'être inscrit pour le premier envoi de missionnaires en Océanie. » Et cependant, pour lui, ce
jour-là le martyre commence, le martyre du cœur avant
le martyre du sang. Savez-vous, mes frères, quelque
chose au monde, de plus poignant et de plus douloureux que ce long regard jeté pour la dernière fois sur
la patrie qui s'éloigne, que l'on quitte pour toujours,
qu'on ne reverra plus jamais ? Quelle agonie alors, même
pour l'exilé volontaire, même pour le missionnaire si
joyeux pourtant de tout sacrifier pour les âmes et pour
Dieu ! Et comment le cœur si délicat et si sensible de
Pierre Chanel, eut-il échappé à ces déchirements pro-
fonds ? Il laisse derrière lui toutes les plus chères affec-
tions, tous les plus attachants souvenirs de sa vie.
Là-bas, sans doute, au petit hameau de la Potière, sa
vieille mère pleure en pensant à lui. Et bientôt,
5 000 lieues le sépareront d'elle.... Puis, que trou-
vera-t-il en échange au sein de ces îles sauvages, peu-
plées de cannibales, où il va aborder demain ? Ah ! ce
qui l'attend, mes frères, et ce qui sera désormais son
partage unique, ce sont toutes les angoisses de l'âme,
jointes à toutes les tortures du corps, ce sont les la-
beurs infructueux, la stérilité d'un dévouement méconnu, méprisé ; c'est le don de soi-même payé par
l'ingratitude et la trahison ; c'est la soif et la faim, ce
sont les privations et les supplices ; c'est la mort et
quelle mort ! la mort violente, la mort sur une croix

peut-être, sur une croix, au pied de laquelle il ne verra
pas sa mère, car il mourra seul, seul sur cette terre
lointaine et aride, qui ne fleurira qu'après avoir dévoré
ses ossements. Ah ! je sais bien qu'il a fait d'avance et
généreusement à son Dieu, le sacrifice de tout, qu'il lui
a tout donné, tout ; sa terre natale, ses sueurs, son
sang, ses larmes, son berceau, sa vie et sa tombe ; il ne
manque rien à l'holocauste, mais ô ciel ! qu'il lui coûte
cher ! Et cependant, il n'est encore qu'au commencement, qu'aux premiers débuts de sa carrière apostolique. Suivons-le jusqu'à l'île de Futuna, où il a pris
terre et qui va devenir le champ d'action confié à son
zèle. Quatre années s'y écouleront jusqu'à la consommation de son martyre, quatre années de charité et de
dévouement sans limites, quatre années de luttes péni-
bles et de mortelles angoisses. Le voilà aux prises avec
toutes les difficultés à la fois ; les épreuves succèdent
aux épreuves, les périls aux périls ; pour armes, il n'a
que sa foi, sa prière, son invincible douceur. Il souffre,
mais il espère. Après qu'il a tout semé dans les larmes,
ne lui sera-t-il pas enfin donné de moissonner ? N'aura-
t-il pas au moins la joie de voir blanchir les moissons
de demain ? Eh bien ! non, mes frères, cette consolation
même lui sera refusée. Quarante-cinq baptêmes, pres-
que tous d'enfants en danger de mort, voilà la maigre
gerbe, qu'au soir de sa journée, je veux dire, de sa vie,
ce bon ouvrier de l'Évangile vient apporter au maître
du champ et de la moisson. O Dieu ! que faut-il donc
pour que les épis germent et mûrissent nombreux,
abondants ? Ce qu'il faut, c'est que le semeur lui-même,
l'apôtre s'ensevelisse dans le sillon qu'il a creusé. *Nisi
granum frumenti cadens in terram mortuum fuerit,
ipsum solum manet, si autens mortuum fuerit, multum*

fructum affert. Eh bien ! Pierre Chanel est prêt, la mort peut venir. Les bourreaux viennent en effet. Ils sont là et ils frappent à coups redoublés. La douce victime tombe, baignée dans son sang. Pas une plainte ! une seule parole s'exhale de ses lèvres expirantes : « C'est bien ! Il m'est bon de mourir ! » Puis, tout étant consommé, il s'envole au ciel, le front ceint de la couronne du martyre et la palme des triomphateurs à la main : *Beati qui persecutionem patiuntur propter justitiam, quoniam ipsorum est regenum cœlorum.* Si l'héroïsme, mes frères, n'est pas là, où sera-t-il ? et où le chercherons-nous pour le trouver ? Disons plutôt Dieu seul peut inspirer un si invincible courage et qu'il l'inspire en effet afin qu'il serve à affermir notre foi. « Si les martyrs donnent leur sang, dit Lacordaire, c'est afin de prouver qu'ils n'abusent pas le monde, en annonçant qu'ils sont porteurs d'une parole d'en haut. » Car martyr et témoin, c'est la même chose. Nous appelons martyrs de Jésus-Christ ceux qui souffrent pour la foi, et qui pour rendre mieux témoignage à la vérité, la signent de leur sang. Bon gré, mal gré, il faudra bien en croire des témoins qui se laissent égorger pour soutenir la certitude de leurs affirmations. Aussi bien, ce n'est pas sans une intention profonde que Dieu envoie toujours aux Églises naissantes, les martyrs avant les docteurs, car la plus irréfragable preuve qu'un homme puisse donner de la foi, ce n'est pas un beau livre, c'est le sacrifice de sa vie. Je vous remercie donc ô mon Dieu, d'avoir échelonné de siècle en siècle vos martyrs comme autant de colonnes très fermes et très solides où vient s'appuyer la foi de tous les âges. Nos temps n'ont pas été frustrés de ce puissant et providentiel secours ; vous nous avez donné des martyrs et je vous en bénis, Seigneur, car tandis que leur sang parle haut pour nous, le souvenir de leur victoire vient ranimer notre foi et affermir nos courages.

A la gloire de notre héros, il me reste encore à vous dire, mes frères, quelle a été la fécondité de son sang et comment de sa tombe a surgi tout d'un coup et par une soudaine explosion, la vie. Le célèbre mot de Tertullien sera éternellement vrai : « Le sang des martyrs est une semence de chrétiens ». Ah ! je n'ai garde d'oublier que la vraie semence de l'Évangile c'est la parole : *Semen est verbum Dei.* Mais je sais aussi que ce grain sacré de la divine parole, a besoin comme n'importe quel germe d'un principe de fécondation, et que ce principe c'est le sang des semeurs eux-mêmes, le sang des apôtres qui meurent en confessant leur foi. Or, telle est l'énergie et la vertu cachée du sang répandu pour Jésus-Christ, qu'il en vient, ce sang, à se confondre avec la semence elle-même, dont il centuple l'action. *Sanguis martyrum semen est christianorum.* O admirable ! ô merveilleuse germination ! Là où tombe un martyr, une église sort de terre et une nouvelle chrétienté fleurit. Futuna si stérile jusque-là, aussitôt qu'elle a bu le sang du premier martyr de l'Océanie, se couvre d'une luxuriante moisson de néophytes et de catéchumènes ; moins de trois ans plus tard, il n'y aura plus un seul insulaire à convertir, à baptiser. « Nous sommes en paradis, écrira un des successeurs immédiats du martyr, au milieu de nos pieux néophytes dont la ferveur nous remplit de consolation. Je ne crois pas qu'il y ait au monde des missionnaires plus heureux que nous. »

Mais, s'il est vrai, comme l'affirme saint Jérôme que la force des nations c'est le triomphe de leurs martyrs, ô France ! tu peux être heureuse et fière d'avoir donné un martyr de plus à Dieu et à l'Église, car ta vitalité se retrempera, ta vieille foi se rajeunira aux grands exemples dont il t'a transmis l'héritage, non moins que par la vertu qui s'échappe de sa tombe lointaine et qui reflue jusqu'à toi. « Un martyr qui meurt, dit un père de l'Église, ce n'est pas seulement pour lui qu'il souffre, c'est aussi pour ses concitoyens. Pour lui, sa mort est une récompense ; pour eux, c'est un exemple ; pour lui, c'est le repos ; pour eux, le salut. Et par cet exemple nous apprenons à croire au Christ, nous apprenons à acheter par les opprobres, la vie éternelle ; nous apprenons à ne craindre pas la mort. » Sache donc toujours, ô ma patrie, qu'un martyr pour ton salut pèse plus dans la balance divine que tes savants ou tes héros. *Melior est patiens viro forti et qui dominatur animo suo, expugnatore urbium.*

Monseigneur, mes Révérends Pères, en venant vénérer et prier avec nous votre Bienheureux frère, nous sommes heureux de saluer cette fleur de la première moisson que votre Société a donnée au Ciel. Fleur ravissante ! fleur empourprée ! Aussi bien, le Seigneur l'a cueillie dans le champ de sa prédilection. Il était juste que le premier Mariste placé sur les autels, fut un martyr. Dieu devait cet honneur et cette récompense à une congrégation qui s'est toujours signalée par la pureté de sa doctrine et son zèle pour l'intégrité de sa foi.

Et toi, chère église de Saint-Aignan ! Ne dois-je pas aussi te féliciter ? toi qui m'apparais si magnifiquement parée ; moins belle toutefois et moins brillante encore de ces fleurs amoncelées et de ces banderolles de pourpre et d'or que des ossements de ton martyr. Réjouis-

toi ! et que ton clergé et ton peuple se réjouissent ! car
la bénédiction viendra ; que dis-je ? elle est déjà venue
avec ces reliques sacrées qui reposent sous tes heureu-
ses voûtes. Il est impossible, pieux fidèles, que vous ne
sentiez pas traverser vos âmes, en ces jours, quelque
chose de la vertu de la croix, quelque chose de fort et de
doux, quelque chose du feu qui embrasait le cœur du
martyr et de la lumière qui irradiait son âme, quelque
chose de ce parfum qui s'exhale de sa vie et de sa mort.
« Vous n'êtes pas obligés, vous dirais-je avec Bossuet,
de subir les mêmes peines que lui, mais puisque vous
participez à la même foi, vous devez entrer dans les
mêmes sentiments. Ce n'est pas assez que vous lui
voyiez répandre son sang ; il faut que ce sang échauffe
le vôtre et qu'il réveille en vos cœurs les mouvements
généreux du christianisme. » Il faut que forts dans la
foi, vous en pratiquiez tous les devoirs et que vous en
ayez tous les dévouements ; il faut qu'elle pénètre, cette
sainte foi, dans votre vie et qu'elle circule avec votre
sang dans vos veines ; il faut que vous combattiez pour
elle les bons combats, afin qu'après avoir consommé
votre course ici-bas, vous puissiez restituer intégrale-
ment au Juge souverain, le précieux dépôt qui vous
avait été confié, en échange de la couronne de justice
et d'immortalité. *Bonum certamen certavi, cursum con-
summavi, fidem servavi, in reliquo reposita est mihi
corona justitiæ quam reddet mihi Dominus in illa die
justus judex. Amen.*

PANÉGYRIQUE

PRONONCÉ PAR M. L'ABBÉ TISSIER

CHANOINE HONORAIRE

DIRECTEUR DE L'INSTITUTION NOTRE-DAME DE CHARTRES

LE 16 NOVEMBRE 1890

> *Et pro eis ego sanctifico meipsum, ut sint et ipsi sanctificati in veritate.*
>
> Je me sanctifie pour mes frères, afin qu'eux aussi soient sanctifiés dans la vérité.
>
> (S. Jean, XVII, 19.)

MONSEIGNEUR [1],

MES FRÈRES,

Cette parole du Testament de l'Homme-Dieu, tombée de sa bouche, dans ce discours solennel et sublime qu'au soir de la Cène, quelques heures avant la grande immolation du Calvaire, il adressait aux Apôtres émus de ses adieux, me semble contenir tout l'enseignement de l'Évangile, et en indiquer d'un seul trait le divin caractère. La mission du Sauveur y est résumée tout entière. C'est le secret de l'établissement, de l'extension, de la durée de ce royaume nouveau que Jésus est venu annoncer au monde, et la marque de toutes les œuvres de Dieu. Depuis qu'elle a été prononcée, rien de grand, rien de profond, rien de chrétien ne s'est fait en dehors de son inspiration.

Être saint pour être apôtre! Mettre dans sa vie plus de vertus, pour donner à sa doctrine plus de lumière; s'immoler, pour que des flammes du sacrifice la vérité jaillisse d'un plus pur éclat : voilà, mes frères, la nouveauté et la puissance de l'Évangile! *Je me sanctifie moi-même pour mes frères, afin qu'eux aussi soient sanctifiés dans la vérité.* Le monde antique ne soupçonna

---

1. Mgr Grimes, évêque de Christchurch (Nouvelle-Zélande).

pas même cette loi de la vie morale, que dix-neuf siècles
de christianisme ont rendue familière aux plus humbles
esprits d'entre nous.

Toutes les fois que les philosophes ont voulu fonder
quelque école, ils ont commencé par émettre opinions
sur opinions; ils ont élevé système contre système; ils
sont allés d'une hypothèse à une autre. Puis, quand ils
ont parlé beaucoup, raisonné longtemps, ils songent à
descendre à la pratique. Une morale incertaine, infé-
conde, est le fruit naturel d'une doctrine sans racines
et sans appui, qu'embrassent seuls de loin en loin
quelques rares disciples.

Jésus-Christ, mes frères, a procédé d'autre façon.
Venu du ciel pour éclairer et réformer le monde, il n'a
pas ouvert, comme les sages vulgaires, une école où
se discutent les idées, mais où se pratiquent les vertus.
Son enseignement est sorti comme un jet d'invincible
lumière de ses actes mêmes : *cœpit facere et docere;* ou
du moins ses vertus ont toujours été le cadre et le soutien de sa doctrine. Pour instruire les hommes et les
sanctifier dans la vérité, il a laissé le lumineux exemple
d'une vie divinement sainte et pure. Et quand il a fallu,
au terme de sa mission rédemptrice, donner par un acte
suprême le dernier sceau à ses leçons, le sacrifice du
Calvaire a projeté sur son enseignement un rayonne-
ment immortel et vainqueur. Les lumières de la croix
rassemblent en un resplendissant faisceau celles de tout
l'Évangile.

Dieu ne s'en est pas tenu là; pour assurer, pour garder toujours vive au milieu du monde la vérité de sa
parole, il a voulu l'entretenir, la répandre par un perpétuel et souverain acte d'amour. L'Eucharistie, qui est
le plus haut point du sacrifice, puisqu'elle éternise l'im-

molation de Dieu, est restée parmi nous comme le soutien de l'Évangile. L'Évangile, c'est le dernier mot de la vérité, parce que l'Eucharistie, c'est le dernier terme de la sainteté dans le sacrifice. Ainsi, toujours côte à côte, comme deux flambeaux qui se prêtent leurs clartés, la vertu et la vérité.

Il y a, mes frères, entre ces deux puissances, — les seules vraies puissances du monde, — des harmonies nécessaires, une fraternité native, je dirais mieux, une filiation mystérieuse. Ce serait l'objet d'une étude pleine de leçons que de suivre à travers les âges leur marche parallèle ; de voir comment la vie de l'Église est la pratique constante de cette loi du Christ : agir et éclairer, aimer et croire ; de montrer comment les docteurs sont fils ou frères des martyrs, comment les martyrs sont les meilleurs apôtres, comment les apôtres naissent et se multiplient aux siècles de vertus, comment enfin les jours où les fils de l'Évangile savent souffrir persécution sont toujours proches de ceux où la foi va triompher.

Mais parce que les grandes leçons de l'histoire échappent à la foule, et que les exemples pris dans des régions trop lointaines ou trop hautes effrayent ordinairement nos petits efforts, Dieu, de temps en temps, met notre enseignement, notre lumière, dans la sainte vie de quelqu'un des nôtres, abaisse sous des traits humains ses divins exemples pour les rendre imitables et refait sous nos yeux un petit Évangile en actions proportionné à notre faiblesse. C'est ainsi, mes frères, que m'est apparue la vie humble et pure du bienheureux Pierre-Louis-Marie Chanel, dont l'Église aujourd'hui, — l'Église, ce suprême arbitre des vertus exemplaires, — nous invite à entourer l'autel et à chanter la gloire. Toute son existence a été l'écho fidèle de cette parole

du Sauveur prêt de mourir : « Je me sanctifie pour mes
frères, afin qu'eux aussi soient sanctifiés dans la vérité. »

Oui, mes frères, paraître aux hommes en portant dans
sa personne les signes manifestes de son apostolat;
étayer sa parole sur sa conduite; annoncer Jésus-Christ
en reproduisant sa divine image, de façon à pouvoir
dire non-seulement : « *écoutez-moi*, mais *soyez mes imi-
tateurs comme je le suis du Christ, (imitatores mei estote
sieut et ego Christi)* : « voilà toute l'histoire du Bienheureux que nous venons fêter! Cette règle inviolable de
sa vie l'a conduit sans effort, par les voies communes,
jusqu'à l'héroïsme du sacrifice. Quand il eut mis au service de sa parole toutes les vertus qui font les saints, il
ne lui restait plus qu'à mourir, comme son Maître, pour
donner à son enseignement le cachet suprême; il est
mort martyr avec la simplicité qu'on met aux actions
vulgaires. Je viens, mes frères, vous proposer, ce soir,
l'imitation de cet humble prêtre. Il n'y a rien de mer-
veilleux ni d'éclatant dans son histoire; rien n'est
simple comme la sainteté; c'est pour cela qu'elle
demeure accessible à nos efforts. J'aurai cru donner au
Bienheureux Pierre Chanel une digne louange, la
louange qu'entre toutes il ambitionne, puisqu'elle sera
la continuation de son apostolat, si je puis tirer des
exemples de sa vie l'enseignement de la nôtre. C'est
dans ce but qu'avec l'aide de Dieu, je vous raconterai,
en y mêlant toutes les réflexions propres à nous instruire,
les vertus de sa jeunesse, la sainteté de son sacerdoce
et l'héroïsme de son martyre.

I

MES FRÈRES,

Le ciel est ouvert à tous, mais la libre élection de

Dieu choisit d'abord les saints ; *elegit nos, ut essemus sancti*. La vocation est un mystère de grâce. Pourquoi celui-ci et non pas celui-là ? Énigme divine ! Le Seigneur appelle ceux qu'il a prédestinés ; c'est lui qui leur prépare la gloire ; *quos autem prædestinavit, hos et vocavit : et quos vocavit, hos et justificavit ; quos autem justificavit, hos et glorificavit.* Qu'avons-nous à dire à cela ? poursuit l'Apôtre. Si Dieu est pour nous, qui sera contre nous ? Mais aux avances du ciel, l'homme peut résister ou répondre.

C'est là le mérite et c'est là le commencement de la sainteté.

L'appel de Dieu dans la vocation prend, mes frères, toutes les formes, et les voix les plus diverses viennent murmurer aux élus le nom de Jésus-Christ. Le plus souvent de la part de Dieu, c'est une préparation lointaine, celle de la famille, de la patrie, de l'école de son prédestiné. Puis une première avance miséricordieuse : la parole d'une mère, un mot de l'Évangile qui tombent providentiellement dans l'âme et y germent comme une semence ; une attente prudente pour éprouver la vertu et laisser le loisir d'un libre choix ; enfin, l'heure venue, une lumière décisive, un dernier appel qui brise tous les liens. « Un jour, comme dit Lacordaire, au détour d'une rue, dans un sentier solitaire, on s'arrête, on écoute, et une voix nous dit dans la conscience : « Voilà Jésus-Christ ! » Moment céleste où, après tant de beautés qu'elle a goûtées peut-être et qui l'ont déçue, l'âme découvre d'un regard fixe la beauté qui ne trompe pas ! On peut l'accuser d'être un songe quand on ne l'a pas vue. Mais ceux qui l'ont vue ne peuvent plus l'oublier. » Voilà la part de Dieu !

Il y a des signes qui manifestent, de la part de

l'homme, l'intelligence et l'amour de la vocation. C'est
d'abord un penchant vers les choses saintes, une incli-
nation vers tout ce qui est pur et beau, une garde crain-
tive de son innocence ; pour cela, l'oubli du monde, la
solitude, l'humilité, qui est le silence du cœur. Puis les
luttes secrètes contre la nature, ces premières luttes
qui sont si rudes pour un cœur de quinze ans ; une
attention vigilante à Jésus-Christ qui passe, l'oreille
ouverte à toute voix qui le nomme ; un empressement
fidèle à suivre ses pas. Enfin, le courage, l'attente
résolue de ses ordres, quels qu'ils puissent être ; et,
dès le premier signal, l'abandon de tout pour son divin
service ; un amour de Dieu envahissant, exclusif, qui
devient l'objet unique en dehors duquel rien ne touche
plus. Ceux qui ne le comprennent pas sont des étran-
gers ; ceux qui l'attaquent, des ennemis ; ceux qui le
sentent, l'unique et vraie famille.

Ces deux parts, celle de la grâce et celle de la vertu,
ont signalé, mes frères, dès l'aube de la vie, la vocation
de Pierre Chanel. Il naquit, le 12 juillet 1803, dans une
humble bourgade de la Bresse, à Cuet, au diocèse de
Belley. La fortune n'était point assise au foyer domestique ; le travail seul y avait placé son sceptre austère.
Le père était un homme de petit métier ; la mère une
modeste femme de ménage : pauvres des biens de ce
monde, mais justes devant Dieu, riches de cœur, tous
deux, et d'exemples ; cela vaut mieux qu'une fortune
pour élever sa famille. Pierre était le cinquième fils de
cette maison, où les bénédictions du ciel devaient bientôt
faire compter huit enfants. C'est là, dans le silence
d'une existence obscure qui rappelle celle de Nazareth,
entre un père courbé tout le jour, comme saint Joseph,
sur le rude outil de son métier, et une mère, chrétienne

d'un autre âge, qui craignait moins pour ses enfants la visite de la mort que celle du péché, c'est à, au pied des montagnes dont les cimes s'élèvent jusqu'au ciel comme un appel aux âmes, que grandit sans éclat le Bienheureux. Tout est petit, tout est chétif; humainement, tout est néant dans ces commencements. Dieu ·fera bientôt jaillir de cette faiblesse et de cette obscurité une merveille de puissance et de lumière.

Mais, mes frères, si le Seigneur procède de la sorte, s'il prend si bas ses élus, est-ce donc qu'il exclut de son service les riches et les grands? Non, mais d'ordinaire ses prédilections sont ailleurs. Et s'il y a quelque part, dans le secret d'une pauvre maison d'ouvrier, dans un village perdu derrière la montagne ou dans la plaine, un foyer modeste, investi d'honnêteté et de décence, c'est là, de préférence, que Dieu, outragé dans son sacerdoce de l'abandon calculé des fortunés de la terre, choisira le plus petit de sa tribu pour répandre sur sa tête l'onction qui le sacrera roi des âmes.

Un tel choix, à l'heure actuelle, a d'autres enseignements encore. A ce siècle égoïste, que la passion de l'orgueil incline vers toutes les bassesses et toutes les capitulations, il fallait que Dieu rappelât à quelle autre école les hommes, ceux qui veulent être des hommes et des saints, se forment et grandissent. Les dures leçons de la pauvreté sont les premiers enseignements de la vertu. A ces foules, que le plaisir appelle du fond des campagnes désertées, et rassemble dans nos cités comme dans un lieu de plus faciles voluptés, Dieu a voulu rapprendre, en prenant un saint de plus dans une famille des champs, que son amour ne vit pas dans le tumulte, et que la solitude et la sainteté sont sœurs. A ces familles amoindries, qui n'ont plus l'amour du

sacrifice ni du devoir, et qui, trahissant du même coup
la morale et la patrie, s'éteignent volontairement dès la
première génération, près d'un foyer sans enfants,
Dieu a donné une leçon digne de lui, en honorant entre
toutes une famille nombreuse de la gloire incomparable
de son choix.

Cependant le petit Pierre grandissait. Quand il eut
sept ans, on le mit à la garde du troupeau de la famille.
Celui qui devait plus tard donner, comme Jésus, sa vie
pour ses brebis, commençait ainsi par être berger, et
il pouvait dire déjà, tant il était fidèle à son modeste
emploi : « Je suis le bon pasteur. » Il allait entre
temps à l'école du village. Vous devez penser ce que
pouvaient être en pareilles conditions ses petites études. La Providence se chargea du soin de préparer
l'éducation de son élu, en plaçant bientôt sur son chemin un de ces hommes, en qui Dieu semble avoir mis
son sourire et ses lumières, tant ils sont bons! tant leur
science modeste sait fructueusement s'épancher !

Il y avait alors à Cras, paroisse voisine de celle
qu'habitait le Bienheureux, un prêtre selon le cœur de
Dieu. Pierre Chanel passa des genoux de sa mère sous
la direction de ce saint prêtre. Leur rencontre est tou-
chante à l'égal des scènes de l'Évangile, quand Jésus
choisissait les Apôtres. Un jour, nous dit son historien,
que pour rentrer à son presbytère, Monsieur Trompier
avait pris un sentier qui le conduisait à travers les
champs, où le jeune enfant faisait paître son troupeau,
il rencontra le petit berger. « Comment t'appelles-tu ?
— Pierre Chanel. — Quel est ton âge? — Neuf ans et
demi. — Où vas-tu à l'école? — A Saint-Didier. — Que
sais-tu ? — Pas grand chose. » Quelque temps après,
Monsieur Trompier, passant par la prairie, se trouva

pour la seconde fois en présence du pâtre : « Eh bien!
Pierre, te voilà grand maintenant ! Voudrais-tu venir à
Cras? — Oh! répondit l'enfant, oui, Monsieur le curé,
c'est tout mon désir. »

Que de jeunes âmes, mes frères, gardées pures par
la piété maternelle, ont dû ainsi leur vocation à de
telles rencontres ! Un cœur de mère chrétienne pour
première école! un cœur de prêtre pour second maître !
que souhaiter davantage aux âmes qu'on aime? Sous le
souffle béni de ces deux tendresses, Pierre croissait
chaque jour en force et en grâce devant les hommes,
mais surtout devant Dieu.

Hélas ! mes frères, il est un de ces amours, le plus
fort et le plus tendre, je le dis sans offenser les mères,
parce qu'il est l'amour même de Dieu, dont on veut en
notre temps priver l'enfance. Entre l'enseignement du
prêtre et l'enfant, de dures lois ont élevé des barrières.
Et de toutes les guerres menées par l'esprit de ténèbres contre Dieu, ce ne sont pas celles qui s'attaquent
à la vertu qu'il faut le plus redouter, mais celles qui
s'attaquent à la vérité. Quand les principes demeurent
debout, quand les esprits gardent comme un patri-
moine sacré le culte de la doctrine, qu'ils y tiennent
comme on tient à son sol natal, il peut y avoir dans les
mœurs des hommes et des peuples des cataclysmes
épouvantables; les eaux de l'iniquité peuvent s'élever
jusqu'aux dernières cimes; mais le souffle de Dieu
plane toujours sur ces ondes impures, *spiritus Dei
ferebatur super aquas*. Après quelques orages un rayon
de soleil peut sécher toute cette fange. Si au contraire
le mal est né non plus des passions du cœur, mais des
doutes, mais des négations, mais de l'erreur, mais de la
nuit volontaire où l'esprit s'est placé, il n'y a plus de

remède, pour cette raison toute naturelle, que ne voyant plus le mal, on ne songe pas à le guérir; pour ce motif tout simple, que l'idée de Dieu étant détruite dans l'âme, tous les devoirs, toutes les vertus dont il est le principe et le soutien sont entraînés dans cette ruine du divin. Et voilà pourquoi, mes frères, à l'heure qu'il est, sans négliger assurément l'emploi diabolique de la grande force destructice du plaisir, ceux qui font la guerre à la Religion ont inventé la ruse infâme, mais triomphante, d'enlever de l'esprit de la jeunesse toute lumière surnaturelle. Il était difficile, lorsque Dieu avait éclairé de ses célestes vérités l'aube de la vie, d'arracher du cœur toute pensée chrétienne; la lumière de Dieu, qu'on a reçue dans l'éducation religieuse, a des reflets mystérieux qui traversent toute la vie et qui parfois éclairent l'âge mûr, ou du moins la mort d'un jour inattendu. Plus d'aurore, ont pensé les impies, il n'y aura plus de ces radieux couchants. Si le jour ne se lève pas au matin, le soir aussi sera enveloppé de ténèbres. Vous savez, mes frères, la rage de cette campagne contre l'âme des enfants, et je n'ai pas besoin de vous dire qu'elle ne fait que trop de victimes.

On ne peut penser sans frémir à ce que sera dans vingt ans la génération qui s'élève dans ces écoles sans prêtre et sans Dieu. Heureusement, Mesdames, il reste encore pour veiller sur l'âme des enfants, l'amour des mères; et c'est là aujourd'hui un grand devoir qui vous incombe. Vos enfants sont toujours ou redeviennent ce que les ont faits vos premières leçons. Il est impossible qu'il ne reste rien au fond de l'âme des enseignements pieux que, penchées sur leur berceau, vous leur avez appris au milieu de vos baisers. Il ne se peut que tout meure des germes de vertus que vous avez semés dans leur cœur, au doux printemps de l'adolescence. C'est un fond de granit, que peut recouvrir momentanément le sable de la grève, mais qui, dès que le vent se lève ou que l'on creuse le sol, reparaît dans la fermeté d'une base indestructible. C'est vous dire qu'il y a en vous, Mesdames, une puissance invincible de vie et de résurrection. Aimez seulement. Avez-vous pensé à ce que contiennent ces deux mots, l'amour des mères, l'amour, la plus invincible des forces, la mère, le plus puissant des êtres ?

A l'école de sa mère, à l'exemple du vénérable prêtre qui fut si longtemps son seul maître, Pierre Chanel, correspondant aux bienfaits de son éducation, était devenu en peu de temps le modèle de tous, fort dans sa foi, élevé dans ses vues, grand dans ses aspirations, doux à tous comme sévère à lui-même, plein d'une vertu qui l'embellissait de son charme; la vertu resplendit toujours sur les fronts vierges. En toute sa personne se peignait je ne sais quoi d'angélique, et on ne pouvait le voir sans l'aimer. C'était déjà le saint du village : « Voyez, disaient les autres enfants, Chanel, comme il est sage ». L'amour de l'étude passionnait sa petite intelligence. Son père et sa mère se disaient : « Qu'a donc notre petit Pierre ? Depuis qu'il est allé à Cras, il veut toujours avoir ses livres. » O enfants qui m'entendez, recueillez en passant ce salutaire exemple ! En même temps sa charité pour les pauvres jetait chaque jour dans son cœur de plus profondes racines ; il aimait à leur parler, sachant que Jésus-Christ se cache sous le manteau de leurs misères et de leurs souffrances ; la vue des malheureux l'attendrissait jusqu'aux larmes, et l'argent destiné à ses menus plaisirs s'écoulait tout en aumônes. Le divin pauvre du tabernacle avait pour Pierre Chanel enfant un attrait tout spécial. L'Église était la patrie bien aimée de sa jeune âme; il s'approchait le plus près qu'il pouvait de l'autel. Une bonne femme lui ayant demandé pourquoi, à son âge, il se mettait si près du Saint-Sacrement : « Ah, répondit-il, je l'aime tant. »

Je voudrais, mes frères, vous le montrer au jour de sa première communion, à genoux, les mains jointes, le front rayonnant d'une joie céleste. Son père et sa mère l'accompagnaient en habits de fête et communiaient près de lui. Quelle scène et quelle leçon! Entre Jésus et le futur martyr, ce fut un pacte d'alliance que rien ne devait rompre. Pierre se releva de la table sainte avec la volonté plus affermie que jamais d'être prêtre. Dix ans plus tard le petit convive de Dieu célébrait sa première messe à l'autel de sa première communion.

Nous ne pouvons suivre le Bienheureux dans la marche ascendante qui chaque année le rapproche du sacerdoce. Aussi bien nul événement, digne de récit, ne relève l'obscurité de sa vie d'écolier. Il est au séminaire de Méximieux, à celui de Belley, puis au grand séminaire de Brou, ce qu'il avait été au séminaire de Cras, partout et toujours semblable à lui-même; d'une fidélité toujours égale, d'une humilité amie du silence, modeste dans ses habitudes, s'efforçant de se rendre toujours plus digne de sa vocation, suppléant par un travail personnel à l'absence des qualités brillantes qu'il n'avait pas reçues du ciel, pratiquant enfin avec la simplicité d'une action ordinaire les suprêmes sacrifices. Ce sont là des vertus que le monde méconnaît ou ne discerne pas, mais que le ciel un jour signale et couronne. Ceux qui savent les pratiquer sans défaillance sont préparés pour les plus hauts destins.

II

Être prêt! c'est, mes frères, une grande heure que celle où un homme est prêt. Ne jamais rien entreprendre sans s'être formé longtemps par une préparation initiatrice : ce n'est pas l'habitude de ce temps. On est aujourd'hui, dans certaines sphères, apte à tout sans apprentissage, et c'est peut-être là, une des plus tristes faiblesses de notre société. Pierre Chanel avait mis entre l'appel de Dieu et son sacerdoce de longues et d'austères années d'études et de vertus. Des âmes inconnues de lui maintenant l'attendaient; la sienne était prête pour la leur. Le 15 juillet 1827, il recevait des mains d'un pieux évêque l'onction sacerdotale.

Les devoirs du prêtre n'avaient rien d'étranger pour lui. Dans les méditations solitaires de sa jeunesse cléricale, il en avait mesuré toute l'élévation et l'étendue.

Être prêtre! ah! mes frères, essayez de comprendre comme lui le sens de cette parole. Être prêtre! c'est-à-dire être sauveur d'âmes; c'est-à-dire être victime. La mort à soi pour les autres : voilà au fond ce que c'est que le sacerdoce. Être prêtre! c'est continuer l'œuvre de Jésus-Christ, et l'œuvre de Jésus-Christ a été le sacrifice. Les holocaustes, offerts par l'homme pour expier ses crimes, ne plaisaient point au Seigneur. Alors il a dit : « Me voici, je viens, j'offre mon sang pour les péchés du monde! » Le sacerdoce du Christ est né de cette parole, acceptée par Dieu et réalisée en tous ceux qui veulent devenir une portion de la victime pour obtenir une part dans la puissance de l'holocauste.

Dans les fonctions humaines, on travaille pour soi ou pour les siens. On embrasse telle carrière ou telle autre pour son intérêt. Quelque généreuses que les

actions paraissent, il y a toujours en vue le profit ou la
gloire. Quand on est prêtre, et qu'on espère du ciel conserver toujours un cœur sacerdotal et une âme apostolique, on doit ne plus penser qu'aux autres. Le sacerdoce est une immolation. Le prêtre est oint « pour répandre le sang, non comme le soldat par courage, non
comme le magistrat par justice, mais comme Jésus-Christ
par amour pour ses frères. » Chaque jour il monte à l'autel
dont il a gravi lentement chaque marche par un acte
d'abnégation. Et voyez si sa vie n'est point le perpétuel
holocauste. Tandis que vous goûtez les joies de la famille, et que vous êtes entourés d'un amour qui ne se
lasse pas de dévouement, lui, le prêtre, il est seul, éternellement seul. Il a voué sa vie à la tâche de consoler
tout le monde, sans garder auprès de lui personne qui
le console. Il a renoncé au foyer de l'avenir comme à
celui du passé, et il s'en ira par une vieillesse solitaire
à un tombeau qui n'aura pas reçu les os de ses aïeux.
Comprenez le mélange d'émotions douces et déchi-
rantes, de sentiments divins et humains, de scènes
tour à tour solennelles, douloureuses et touchantes, qui
passent à la même heure devant ses yeux et dans son
cœur. Confident attendri des âmes, il s'inclinera vers
les plus délaissées et les plus obscures, lavera jusqu'aux plus souillées, purifiera encore les plus pures.
Toute faiblesse doit trouver en lui un appui, tout
affligé un frère, toute âme un sauveur d'âmes. Son cœur
est comme un foyer domestique, brûlant constamment
du feu de l'amour de Dieu; il faut que tous, hommes,
enfants, vieillards, puissent venir y chercher à toute
heure une chaleur qui les ranime et les réjouisse. Sa
devise est lumière et pardon. Tantôt persécuté jusqu'à la
fureur, tantôt exalté jusqu'à l'excès, il reste calme sous

la haine, humble sous la louange. Il n'a qu'une ambition, donner Jésus-Christ aux âmes et avec Jésus leur donner le ciel. Mes frères, voilà le prêtre ! Voilà Pierre Chanel au vicariat d'Ambérieux, à la cure de Crozet, où tour à tour la voix de ses supérieurs le conduit.

Ah ! ce fut une heure délicieuse pour lui, c'est une heure délicieuse que celle où une âme, prête pour le sacerdoce, voit commencer son ministère : c'est un moment admirable que celui où pour la première fois elle s'ouvre au dévouement : jusque-là elle avait vécu repliée sur elle-même; un rayon d'en haut tombe soudain sur ce cœur fermé. Il y a un mot qui jaillit alors avec une irréstible puissance. C'est le mot de Jésus entouré de toutes misères humaines : « J'ai pitié de cette foule; oui, j'ai pitié. Oui, j'ai assez vécu pour moi-même; je me suis assez aimé; il faut que je me dévoue; que je sorte de mes étroits horizons; il faut que je me sacrifie en un mot, — car la sainteté n'est autre chose que l'immolation de soi! — que je me sacrifie pour mes frères, afin qu'eux aussi soient sanctifiés dans la vérité. »

Demain seulement commencera la tâche douloureuse de purifier les âmes, de les éclairer, de les élever; tâche pleine d'angoisses et de retours, d'incertitudes et de déchirements, qui faisait dire à Saint Paul qu'il se sentait pris du dégoût de vivre. Demain peut-être malgré tous les efforts commencera l'insuccès; demain on ramera en vain contre un courant plus fort que toute énergie; demain ce sera l'abandon du Jardin des Oliviers, le reniement des siens, les insultes du Calvaire, le délaissement même de Dieu. Dieu retire même à ses prêtres ce contentement intérieur qui suit le devoir accompli et qui est comme la marque de l'approbation

divine et le prélude de la récompense. Mais cela est
bon pour les petites âmes : « Nous autres, disait le P. de
Ravignan, nous n'avons pas un quart d'heure de consolation en quarante ans. »

Voilà le prêtre ! A la joie, à la peine, au succès, à
l'épreuve, toujours l'homme des âmes et l'homme des
autres ! c'est le poste même de Jésus-Christ et sa mission.
Il y a, mes frères, dans cette vie de sacrifice, dans cette
vie de sainteté obligatoire, une grandeur morale qui
défie toutes les grandeurs, une puissance qui surpasse
toutes les puissances, la puissance et la grandeur vic-
torieuses de ceux qui veulent bien se donner et mourir,
sur ceux qui veulent vivre et jouir : c'est la loi des
choses humaines; et à ce seul point de vue, quoi qu'on
fasse — (et c'est prodigieux, mes frères, ce que ne
peuvent pas ceux qui peuvent tout) — le sacerdoce est
roi du monde.

Profondément pénétré de la grandeur de son sacré
ministère, Pierre Chanel, l'œil toujours fixé sur son
divin modèle crucifié, réunissait en lui de plus en plus
toutes les qualités qui font les saints prêtres. Je ne puis
vous dire tous les efforts, toutes les industries de son
zèle pour gagner les âmes. Il fonde des écoles, il orne
le sanctuaire, il secourt les malades, il soulage les
pauvres, il se prive de tout pour répandre un bienfait.
Ce sont là des œuvres bien communes; tout le monde
les entreprend; la merveille est d'y persévérer et de les
toujours bien faire. En même temps le saint curé, dans
un oubli constant de lui-même, charme tout le monde
par la douceur de son regard; il attire par la bonté de
son sourire, et par l'ardeur de sa charité, il conquiert
les âmes à Dieu. L'idée primordiale que nous avons de
Dieu est celle de la bonté; la conception première de la

religion est celle d'une charité miséricordieuse : voilà
pourquoi le Dieu bon ne se veut révéler que par le
ministère d'un bon prêtre. Le prêtre qui n'a que le pres-
tige de la science peut étonner les âmes; il ne les
change pas. Il faut entre l'âme et le prêtre un élément plus
doux, plus persuasif; cet élément, c'est la bonté. La
bonté du cœur est la seule véritable éloquence du
prêtre. Oui, mes frères, on peut être éloquent sans
génie; la foi et l'amour n'ont besoin que de se faire voir
et, quel que soit son langage, la parole de la sainteté
porte toujours ses fruits. Tel était le sacerdoce bienfaisant de Pierre Chanel. Aussi, résumant la pensée de
tous, un vieux docteur disait de lui, comme pour se défendre d'être gagné par sa bonté : « Que voulez-vous,
c'est un apôtre, on ne peut rien lui refuser. » Et lorsqu'aujourd'hui encore les habitants de sa paroisse
veulent dire d'un prêtre, qu'ils entourent d'estime et
de sympathie, tout le bien qu'on peut souhaiter, leur
louange tient toute en ces deux mots : C'est un Chanel.

Les fruits de grâce mûrissaient chaque année plus
nombreux dans le champ confié au Bienheureux. Mais
il rêvait depuis longtemps un autre apostolat.

Il aimait ses brebis, mais dans ses longues prières au
pied du tabernacle, une parole du Maître hantait, plus
pressante que jamais, son souvenir : « J'ai d'autres
brebis encore qui ne sont pas de ce bercail. Celles-là
aussi, se disait-il comme Jésus, il faut que je les amène. »
Cet attrait mystérieux vers les missions lointaines, il
l'avait longtemps caché dans son cœur, et sa nature avait
commencé par frémir à la pensée de tout ce qu'il fallait
abandonner pour le suivre. Il n'y a pas d'âme humaine,
mes frères, si parfaite qu'elle soit, j'en appelle à l'expérience de vos séparations et de vos deuils, que ne

déchire ou brise la douleur des départs sans retour.

Mais la lecture des Annales de la Propagation de la Foi, — lecture dont en passant je vous donne le salutaire conseil, si vous voulez faire quelque bien à votre âme, —venait solliciter son courage; et le centuple promis par Jésus-Christ à ceux qui ont tout quitté enflammait ses désirs. Puis il songeait avec une tristesse sacerdotale à ces milliers de pauvres sauvages que n'éclairent pas encore les lumières de l'Évangile, tandis qu'au milieu de nous tant d'ingrats abusent de ses bienfaits. Le premier appel de la grâce était devenu pour lui le cri du devoir, et ce cri, écrivait-il à un de ses amis, « faisait dans mon cœur comme un bruit de tonnerre. »

Deux fois l'obéissance à un sage pontife, qui voulait éprouver son jeune enthousiasme, dut le retenir au premier poste fixé à son apostolat. Mais sa généreuse impatience se manifestait à son insu. A l'un de ces prédécesseurs au vicariat d'Ambérieux, devenu missionnaire en Amérique, il demandait s'il n'avait pas trouvé son nom écrit sur le sable du rivage ou sur l'écorce de quelque arbre.

La Providence allait aplanir bientôt d'une façon imprévue les voies du futur martyr. C'était l'heure où la Société de Marie, récemment fondée à Lyon, commençait à se répandre. La Vierge que le Bienheureux avait prise dès son bas âge pour sa mère, la Vierge sous les auspices de laquelle il avait toujours mis ses actes et sa vie : *Auspice Dei genitrice Maria*, telle était sa devise; la Vierge dont il s'était fait au séminaire le petit missionnaire, dont il avait juré de réciter le chapelet tous les jours, à qui déjà il avait consacré les prémices de son sang, — Un jour s'étant fait par mégarde une incision à

la main, il trempa une plume dans son sang et écrivit
cette résolution qu'il avait gravée mieux encore dans
son cœur : Aimer la Sainte Vierge et la faire aimer, —
Notre-Dame de Fourvières, votre patronne, mes révérends Pères, par un de ces événements fortuits où le
monde ne voit que le hasard, mais où paraît aux âmes
attentives la grâce du ciel, attira Pierre Chanel dans
vos rangs à peine formés. C'était le récompenser lui-
même; mais c'était plus encore bénir l'aurore de votre
Société naissante et lui préparer bientôt des titres de
noblesse empourprés du sang du martyre.

A la grande école de la vie religieuse, Pierre Chanel
devait s'élever au plus haut point de la sainteté de
son état. « La vie commune est, mes frères, la grande
route des vertus sacerdotales, comme elle est dans la
société la grande route des vertus de l'homme et du
citoyen. L'isolement nous livre à la merci de nos
idées, de nos petits goûts, de nos faiblesses; il nous
ôte l'occasion de nous modifier par les autres, et de
souffrir pour eux. » Être religieux, c'est entrer dans les
voies les plus parfaites. Celui qui embrasse cette vie y
trouve avec de plus grands sacrifices de plus grandes
ressources pour les élans généreux de son âme. Aussi
dès l'origine le premier des prêtres, Jésus-Christ, sut-il
unir dans son collège d'apôtres la famille et la virginité.

Je ne vous dirai pas les profits que le Bienheureux
tira pour lui-même de cette formation plus apostolique;
mais laissez-moi essayer de vous montrer les fruits que
les âmes en recueillirent. Pierre Chanel, religieux, fut
placé par l'obéissance comme professeur d'abord, puis
comme supérieur au séminaire de Belley. Il devait là
parfaire le long apprentissage de son apostolat.

Enseigner, c'est, mes frères, une autre grande mis-

sion du prêtre. Il a reçu de son Maître le dépôt de la
vérité comme un héritage, dont il est redevable aux
âmes ainsi que du sacrifice. Et nulle puissance ne peut
faire taire la vérité. C'est elle que nous représentons
dans les chaires chrétiennes, et c'est sa force invincible
qui assure au plus humble des prêtres, lorsqu'il annonce
l'Évangile, sinon toujours les sympathies, du moins le
respect et l'autorité. Mais c'est elle aussi qui nous fait
asseoir, nous qui sommes prêtres, dans nos chaires de
professeurs ; et cette fonction sacrée qui nous établit à
la fois prêtres et maîtres, est l'un des plus nobles côtés
du sacerdoce. — Pardonnez-moi, mes frères, la nouvelle expression de ces pensées ; elles sont l'habitude
de mon esprit, et les cœurs comme les vases trop pleins
coulent d'eux-mêmes sans cesse et sans efforts.

Élever la jeunesse ! Prendre l'enfant après la première
éducation maternelle, qui ne saurait être suppléée ;
assister dès l'origine à ce travail secret par lequel l'âme
s'ouvre lentement comme la fleur ; être l'air et la lumière
de cette âme ; suivre le progrès des facultés à partir de
l'enfance et à travers les heures souvent troublées de
l'adolescence ; ne point abandonner cette âme ainsi
façonnée par un long et patient travail, jusqu'à ce qu'elle
soit dans son chemin, jusqu'à ce que le signe de Jésus-
Christ l'ait marquée pour jamais, est-il œuvre apostolique plus digne du prêtre ? Oh ! le labeur sacré, le ministère auguste !

Pierre Chanel s'y donna tout entier. Il n'oubliait
point, étant maître, son sacerdoce. Que dis-je ? Jésus-
Christ se retrouve sur tous les sommets où l'éloquence
et la poésie l'entraînent. Il enveloppe tout son enseignement de lumière, et tous ses actes d'amour céleste.
Ses enfants (sublime leçon) n'ont qu'à le voir et qu'à

l'entendre pour savoir comment il faut aimer Dieu. Il enlace dans les liens de la charité toutes les âmes dont il a le soin. Il y a dans son cœur comme une force accumulée d'amour qui s'épanche avec la vérité. C'est, en attendant le jour tout proche de son lointain apostolat et de son martyre, la consolation et la joie de son sacerdoce. Et rien, mes frères, n'est doux pour le prêtre comme la paternité des âmes. Nos enfants, ces âmes bien aimées, dont il faut ouvrir le cœur, tarir les larmes, panser les plaies, diriger l'amour ; ces âmes qu'il faut aimer comme Jésus-Christ, jusqu'à se dévouer, jusqu'à mourir pour elles, voilà notre idéal, notre vie, notre gloire !

III

Mais pendant que nous nous attardons à ces pensées, Pierre Chanel va quitter la France, où déjà il ne vivait plus qu'en exilé. Dieu tresse ailleurs sa couronne et lui prépare des palmes dans une île inconnue de la Polynésie. La Société de Marie venait alors d'obtenir du Saint Siège les missions d'Océanie. Le Bienheureux, au comble de ses désirs, avait été désigné pour le premier départ. Sa vieille mère reçut avec de bien tristes larmes son filial adieu. Notre-Dame de Fourvières fut déclarée patronne de la mission. Dans les derniers jours de décembre 1836, Pierre Chanel s'embarquait au Havre avec huit autres missionnaires, au chant de l'*Ave Maris stella*. La navigation fut lente et périlleuse, pleine de hasards et de tempêtes. C'était l'apprentissage de cette longue patience qui doit être la vertu propre des apôtres. Après avoir touché à Ténériffe, à Valparaiso, aux Gambier, aux îles Wallis, où restèrent successivement tous ses compagnons, le Bienheureux abordait, le 8 novembre 1837, à Futuna.

Futuna, « une des blanches nébuleuses océanien-
nes, est une île qui émerge des flots du Pacifique
comme un riant bouquet de verdure, juste aux anti-
podes du méridien de Paris. » Mille habitants environ
forment sa population décimée par la guerre, et ces
pauvres insulaires, naguère encore anthropophages,
n'ont pour toute religion qu'un grossier polythéïsme.
Le voilà donc à cinq mille lieues de sa patrie, seul avec
un frère coadjuteur, dans cet îlot sauvage, au milieu
d'un peuple dont il ignore la langue et dont l'aspect
farouche suffit seul à épouvanter! Quelle nuit, dites-
moi, que la première sur cette terre infidèle! Ceux que
l'amour de la science ou la passion de l'or conduisent
en ces pays lointains peuvent trembler peut-être ; mais
celui que l'amour de Jésus-Christ y mène, triomphe,
mes frères, dans cet abandon.

Dois-je entreprendre de vous raconter les œuvres
saintes que Pierre Chanel essaye d'opérer sur cet étroit
théâtre? La scène de sa vie a de si petites limites qu'elle
peut à peine tenir un récit. Il n'a rien fait que ne font
chaque jour tous les missionnaires.

Mais Dieu, mes frères, regarde avec une tendre com-
plaisance l'héroïsme des petits sacrifices. Quand on a
la foi dans un cœur chaud, on peut en passant s'élever
aux grandes actions, aux grands holocaustes ; mais
souffrir avec calme une mort à petit feu, laisser con-
sumer sa vie comme une victime toujours fumante,
« porter sans murmurer le poids des jours vulgaires,
boire le calice, non d'un trait, mais lentement, goutte à
goutte, dans sa longue amertume, demeurer fidèle au
poste, l'arme au bras, loin de l'éclat des brillantes
affaires et de l'enivrement des batailles »; c'est le suprême amour.

Voilà, mes frères, ce que faisait Pierre Chanel, au milieu des difficultés sans cesse renaissantes d'une mission où il avait tout à créer. Rien ne désespérait sa persévérance. Les obstacles venaient-ils à redoubler ? Il se contentait de dire : « Courage ! La religion va faire un pas. »

Il faisait autre chose encore ; car il avait porté sur ces plages, avec le nom de Dieu, le nom bien aimé de notre patrie. Et ces sauvages confondaient dans une même estime et dans une même gloire, Jésus-Christ et la France, comme deux mots faits pour rester toujours unis. A une époque où la passion de coloniser tourmente les pouvoirs, c'est là, mes frères, un moyen de colonisation que nos lois ont trop méconnu. Je sais bien que « la guerre au cléricalisme n'est point encore un article d'exportation. » Mais on a trop oublié en France, cette parole d'un grand publiciste que « l'Orient, que le monde appartiendra à celle des nations chrétiennes qui y fera le plus grand signe de croix ». Et pour cela vingt légions ne valent pas un apôtre. Ce n'est un doute pour personne que nos missionnaires soutiennent partout l'influence aujourd'hui si contestée de la France : c'est leur gloire et c'est notre profit.

Après les succès relatifs des premières années, qui sont pour Pierre Chanel comme l'*Hosanna* qui précède la passion, voici que tout à coup l'avenir s'assombrit. Une secrète hostilité s'élève contre celui que toute l'île avait appelé jusque-là « l'homme à l'excellent cœur. » Bientôt toutes les espérances du Bienheureux commencent à s'évanouir. L'ennemi du salut va faire rage.

A la tête de la conspiration se trouvent, comme toujours, les trois forces les plus redoutables qu'un peuple puisse opposer à un homme : le pouvoir, la science et la foule. Toutes les oppositions à la vérité, toutes les persécutions naissent de leur triple alliance. Elles ont condamné Jésus-Christ. Le pouvoir le répudie au nom de la politique et de la sécurité nationale ; la science l'anathématise au nom de la loi sainte ; la foule le rejette au nom de ses plaisirs. Ces mêmes forces qui se sont liguées contre Jésus se perpétuent dans le monde pour faire échec à ses envoyés. Pierre Chanel en subit l'assaut.

Le roi qui l'avait pris en amitié, craignant que l'influence de l'apôtre ne diminue la sienne, finit par déclarer qu'il ne sera tranquille que lorsque ce prêtre aura disparu ; et bientôt il laissera faire ceux qui le voudront immoler : la politique, mes frères, laisse toujours faire. De leur côté, les vieillards, qui avaient tout intérêt à maintenir l'ancien culte, parce qu'il respectait leurs ambitions et favorisait leurs cruautés, s'en allaient répétant partout ce cri de haine : « Il faut que cette religion disparaisse. Cet homme blanc tend à la destruction du royaume. » N'est-ce pas l'écho du *Crucifigatur* ou du *Nolumus hunc regnare super nos?* A ces revendications, la foule ajoutait les siennes, plus brutales, plus promptes. Les Futunéens étaient voluptueux ; ils avaient fait du plaisir leur perpétuel objectif et l'une des bases de leur morale. Pour être chrétiens, il faudrait devenir sages ; il faudrait substituer aux danses et aux festins, la sobriété et la prière : « Faisons, disent-ils, disparaître la prière en faisant disparaître celui qui en est l'auteur » : c'est le choix de Barabbas ; et dans tous les temps, mes frères, les voluptueux ont traité de la sorte ceux qui voulaient supprimer leurs plaisirs ; la volupté, qu'elle soit populaire ou couronnée, aime toujours à mêler le sang et la boue.

Pierre Chanel était voué par tant d'abandon et de haine à la mort. Et puis Dieu, de temps en temps, pour porter des coups décisifs et renouveler par une immolation choisie la vertu de son sacrifice au Calvaire, Dieu prend plaisir à recevoir dans une heure de combat tout le sang que ses apôtres lui offrent. Aussi bien la vérité descendue du ciel sans armes ne se doit pas défendre en soldat, mais en martyr. Le martyre est une rédemption ; le sang de ceux qui meurent pour la foi est une semence ; il faut mourir pour germer. C'est la loi de la nature. « Voyez le grain de blé qui tombe en terre ; il meurt, mais soudain une invincible vie s'en échappe. Rien ne lui résiste, ni terre, ni pierre, ni ténèbres ; elle grandit, elle monte, elle perce la terre et regarde le soleil ; elle élève vers lui toute une moisson. » Ainsi le martyre est la plus magnifique expression de la force et de l'énergie divine et humaine ; toutes les fois que quelque chose de grand s'est fondé, il y a eu du sang versé.

Vous n'attendez pas, mes frères, que je vous retrace ici la scène entière de l'immolation de Pierre Chanel. Il avait vu venir la mort ; il l'accueillit comme une amie ; il avait dit jusque-là : « Pour moi, vivre, c'est servir Jésus : *Mihi vivere, Christus est* : maintenant que Dieu l'appelle, il achève la sentence : *Mori lucrum* : Mourir m'est un gain. »

C'était le 28 avril 1841. Le Bienheureux venait de quitter l'autel, où Dieu était descendu pour le réconforter. Sans défense, il se reposait un moment dans son enclos, car la fièvre dévorait ses membres, et ses forces, épuisées par les rudes fatigues des derniers jours, commençaient à l'abandonner. Un des conjurés se présente et demande un remède pour le gendre du roi, fortuitement blessé. Bienfaisant jusqu'à la dernière heure, l'apôtre rentre chez lui pour l'offrir ; mais voici que sa demeure est envahie ; on lui enlève son bâton ; un forcené brandit sur lui son casse-tête ; Pierre étend le bras, qui retombe fracassé. Un autre assassin le frappe de sa masse à la tempe ; puis un coup de lance le jette à terre. Un seul cri s'échappe de sa bouche : *Ceci est bon pour moi.* Le martyr alors s'affaisse sur le seuil de sa porte, et, de sa main gauche, il étanche le sang qui ruisselle.

« Personne n'achèvera donc le prêtre », s'écrie Musumusu ; et, comme les conjurés ne pensent plus qu'au pillage, le gendre du roi se décide à en finir lui-même ; d'un violent coup de hache, il fend le crâne du saint apôtre, puis s'enfuit épouvanté.

Le fils converti du roi Niuliki apprend le forfait ; il accourt, mais la foule l'arrête : « Que veux-tu, lui dit-on, cette chose que tu as cherchée n'existe plus. »

O ironie des choses divines ! O puissance du sang rédempteur ! Il y a quinze siècles, sur une colonne romaine, le paganisme vainqueur avait fait écrire cette même parole : *Nomine christianorum deleto.* Tout semblait fini, et l'apôtre, en mourant, pouvait croire à la stérilité, au néant de son œuvre. Mais sur son tombeau, comme sur la tombe des premiers martyrs, voici que la Religion triomphe ; les assassins meurent frappés par le courroux du ciel, ou se convertissent. Dix-huit mois plus tard, Futuna tout entière était chrétienne. Une fois de plus se vérifiait la parole de Jésus à ses Apôtres : « Je me sanctifie pour mes frères, afin qu'eux aussi soient sanctifiés dans la vérité. »

Que conclure, mes frères, de cette mort et de cette résurrection ? Et comment imiter, — parce qu'enfin on ne propose pas sans motif un tel exemple, — comment imiter ce suprême sacrifice et cet héroïque apostolat du Bienheureux ?

Ah ! la paix a elle aussi ses martyrs ; et il n'est pas nécessaire, hélas ! de s'en aller aux lointaines plages pour trouver un champ de mission évangélique. Nous sommes en un temps où la vérité a besoin d'apôtres dévoués, d'apôtres qui sauraient mourir. Des derniers rivages de la société jusqu'aux cimes monte chaque jour l'oubli de Dieu, et les murs du saint Évangile, battus en brèche de toutes parts, se rompent partout. Ceux qui vivent dans les régions officielles de la pensée moderne, ceux du moins qui passent pour les maîtres du savoir, ont depuis longtemps fait table rase des vérités catholiques. Nos mystères et nos dogmes, inaccessibles à la faiblesse de leur raison, — parce que Dieu ne s'abaisse pas vers des âmes si hautes, — sont taxés de ridicule, sous prétexte qu'on ne les peut constater, ou classés parmi les rêves d'un mysticisme vieilli. On ne s'en tient plus à la négation de la divinité du Christ ; c'est Dieu même qui est détrôné par la science orgueilleuse de ce temps. Maître de la nature dont il a découvert et assoupli les forces, l'homme moderne, se croyant définitivement roi de ce monde discipliné par ses lois, ferme le ciel sur sa tête et fait de la matière son centre. De plus en plus la foi tombe devant les progrès des vulgarisations envahissantes. L'athéisme de l'enseignement se retrouve dans les sphères du pouvoir ; les lois donnent à l'erreur les droits de la vérité. Toute opinion qui s'élève, impose au nom de la tolérance un respect sacrilège, et comme c'est le propre de l'erreur de ne s'étendre qu'en flattant les passions, il arrive dans les états qui professent l'indifférence des religions, que les hommes au pouvoir deviennent comme fatalement les ennemis de la vérité, qui ne courtise pas. De ces régions supérieures l'indifférence descend dans les masses inconscientes; il n'y a rien, mes frères, d'inconscient comme une foule. Le peuple se façonne à l'exemple de ceux qui le dominent, et quand Dieu est effacé des lois, il ne le cherche plus ailleurs. L'incrédulité se répand alors sur l'aile des passions, rapide comme un vent de tempête qui détruit tout sur son passage, tous les enthousiasmes, toutes les vertus, toutes les espérances. La plupart des hommes laissent tomber, avec les croyances de leur jeunesse, tous les appuis de la vie morale. Et comme, par un étrange retour des choses, il faut être pur et bon pour comprendre et suivre la vérité; comme, pour croire, il faut d'abord aimer, *corde creditur*, dit l'Apôtre (*l'amour fait les croyances*), et que cet amour manque, voilà tout un peuple condamné sans issue à l'erreur, à l'abaissement moral. C'est pour cela qu'il y a tant d'âmes avilies et vénales, tant de calculs dissimulés, tant de compromis menteurs, tant de passions lâches; et je ne m'étonne plus alors de trouver des persécutions et des persécuteurs. Quand un homme a dans les mains une puissance, et que cet homme se heurte à une doctrine qui conseille le mépris des richesses et l'abandon de tous les biens pour sauver la conscience et l'honneur, cette doctrine le révolte parfois jusqu'à la fureur. Que deviendraient la liberté de faire le mal et l'amour des plaisirs, s'il fallait se soumettre à ces maximes austères qui prétendent commander à la licence et à la volupté? Ces prédicateurs incommodes et gênants, il faut les réduire au silence; et, s'ils s'obstinent à parler, les mettre à mort. Voilà pourquoi il y a des persécuteurs et des martyrs! Voilà pourquoi Pierre Chanel a sacrifié sa vie! Voilà pourquoi en particulier le sacerdoce catholique a l'honneur de tant d'outrages! Aucun peuple jamais n'avait insulté ses prêtres. La Grèce, si libre et si hardie, parmi tant de satires, n'a rien laissé qui ait un nom contre son sacerdoce. Rome, à aucun temps de son histoire, n'a failli au respect séculaire dont elle entourait ses pontifes. Ah! les prêtres catholiques ont-ils moins de vertus? Non, mais dans un siècle qui ne veut plus de Dieu, voilà une race d'hommes qui vivent et savent mourir pour éterniser Jésus-Christ et son Évangile! C'est la haine de cette loi sainte qui ameute contre nous l'orgueil et la volupté. Si nous étions un sacerdoce abaissé, découronné, avili, retombé dans les joies et les tourments vulgaires, descendu de la croix, qui est notre force, et de la chasteté, qui est notre gloire, nous aurions, comme les autres, les complaisances populaires. A Dieu ne plaise, mes frères!

Mais vous devez, vous, âmes fidèles, vous devez, vous, Mesdames, qui êtes la portion choisie des âmes, nous aider dans cette lutte pour la vérité. Les circonstances actuelles vous confèrent un ministère sacré, tout voisin de notre sacerdoce. On a mis entre l'homme moderne et Notre Seigneur Jésus-Christ tant d'obstacles qu'à peine pouvons-nous lui parler; que sera-ce pour le convertir? Où nous ne pouvons plus pénétrer, vous êtes, dans ce cénacle intime de la famille, où Dieu n'a plus que vous quelquefois pour servante. Vous êtes où notre voix n'arrive plus, près de ces cœurs qui ne connaissent plus Jésus-Christ, mais qui s'ouvrent tout entiers pour vous, autour de ces âmes de vos fils et de vos filles que la vertu importune, mais que votre tendre amour n'a pas cessé de réjouir. Voilà l'apostolat domestique auquel la religion vous convie! Pour être restreint à votre seul

foyer, il n'en est pas moins sublime et digne de vos
généreux efforts. A ces foyers souvent se rencontrent
des hommes sans Dieu, sans adoration, sans autel, sans
prière, des jeunes gens qui abdiquent à quinze ans la
foi de leur baptême, des intelligences riches du côté de
la terre, dévastées du côté du ciel. O épouses, ô mères!
un tel spectacle est votre martyre. Mais qui voulez-vous
qui sauve ces âmes, si ce n'est vous, si ce n'est la sainte
opiniâtreté de vos tendresses, si ce n'est l'industrie de
votre zèle chrétien, si ce ne sont vos vertus qui feront
de votre maison « comme un sanctuaire qui remplit de
son calme et du parfum du sacrifice tous ceux qui y
apportent leurs agitations et leurs douleurs? »

Tous, mes frères, à l'exemple du Bienheureux Pierre
Chanel, soyons à quelque titre, au milieu de la société
troublée, défaillante, un apôtre, et s'il le faut, un martyr.
Il n'est pas donné à tous de monter en chaire et d'y dis-
tribuer en missionnaire la parole sainte, ni de verser
son sang pour la vérité. Mais qui n'a pas souvent un bon
exemple à donner, et quelquefois un incrédule à réduire
et à ramener par de doux et insinuants conseils? Quand
on ne serait pendant sa vie que l'apôtre d'un seul
homme, et qu'on se dévouerait pour lui, ce ne serait
pas être en vain sur la terre, ni lui être un fardeau
inutile.

Et si nous ne pouvons sauver le monde, si nous ne
pouvons, comme le Bienheureux, sauver un peuple,
sauvons du moins notre âme. « Notre âme, c'est un
monde; notre âme, c'est une éternité; notre âme, c'est
une joie pure et sainte, qui ne finira jamais si nous
savons apprécier ce qu'elle est, et vivre pour elle comme
nous devons vivre. Faisons donc notre possible pour
sauver nos frères, pour les instruire par nos actions

saintes et l'exemple de nos vertus. Quand même ils n'en deviendraient pas meilleurs, nous pourrons répéter devant Celui qui réserve des récompenses éternelles aux hommes de bonne volonté la sublime protestation du prophète : « Le monde périt, mais moi, je suis pur de son sang. »

O Pierre, ô apôtre, ô martyr! bénissez en finissant cette bonne volonté. Nous vous en confions la promesse pleine d'espérance. Et vous, Seigneur Dieu, qui avez choisi le Bienheureux Pierre pour prêcher votre Évangile, et qui l'avez couronné de douceur, de charité et de patience, accordez-nous la grâce de marcher sur ses pas, et de garder jusqu'à la mort la foi qu'il a professée et pour laquelle il a sacrifié sa vie. Ainsi soit-il.

ORAISON

O Dieu, par qui le Bienheureux Pierre-Louis-Marie Chanel, votre martyr, fut orné de la prédication de l'Évangile d'une admirable douceur, d'une brûlante charité et d'une invincible constance, faites, nous vous en supplions, que, marchant sur ses traces, nous conservions jusqu'à la mort la foi dont nous faisons profession, par Jésus-Christ Notre-Seigneur. Ainsi soit-il.

TABLE DES MATIÈRES

FIN

PARIS

IMPRIMERIE D. DUMOULIN ET Cie

5, rue des Grands-Augustins, 5